L'anglais
des paresseuses

Amita Mukerjee

L'anglais des paresseuses

•MARABOUT•

© Marabout, 2006.

Toute reproduction d'un extrait quelconque de ce livre par quelque procédé que ce soit, et notamment par photocopie ou microfilm, est interdite sans autorisation écrite de l'éditeur.

Sommaire

Avant-propos
Pourquoi ce guide va vous aider 9

chapitre 1
Les rencontres 13

chapitre 2
La communication 51

chapitre 3
Le travail 87

chapitre 4
Les sorties 125

chapitre 5
Beauté, santé et hygiène 159

chapitre 6
La vie quotidienne 191

chapitre 7
Amour et sexe 221

chapitre 8
Les voyages 271

chapitre 9
Les verbes irréguliers 309

Table des matières 313

Avant-propos

Pourquoi ce guide va vous aider

Mais pourquoi on dit comme ça ? On ne m'a pas appris cela à l'école ! Combien de fois avez-vous dit ce genre de phrases en entendant parler anglais ? Le premier objectif de ce guide est de vous permettre de vous lancer en acceptant la langue telle qu'elle est, sans que vous cherchiez à vouloir comprendre les *règles*.

Sachez que la meilleure façon d'apprendre une langue, c'est d'y consacrer un peu (vous avez bien lu : *un peu*, chères paresseuses !) de temps. Le tout, c'est de le faire *régulièrement*, alors n'hésitez pas à parcourir ce livre souvent et partout où c'est possible : au lit, à la plage, chez le coiffeur, dans une salle d'attente, dans le métro, le train, bref, partout où c'est possible. Comme vous liriez un magazine rempli d'images. Une langue étrangère pénètre dans votre cerveau à la manière de ces chansons pop qu'on n'arrive plus à oublier une fois qu'on les a entendues à la radio !

Quelques conseils :

o Regardez des films en VO (lire les sous-titres n'est pas gênant, vous serez étonnée par tout ce que vous apprendrez sans le savoir), lisez les romans de gare en *anglais*, des journaux, des magazines de mode, mettez votre moteur de recherche en anglais et, la plupart du temps, de grâce, oubliez votre dictionnaire !

o Trouvez-vous le plus vite possible des amis, des voisins, des amants, un mari, des collègues *anglophones*. Et parlez sans peur de faire des fautes, sans vous soucier de passer pour une sotte. Sachez que les anglophones ne vous corrigeront *jamais* car ils n'ont pas l'habitude de le faire (c'est plutôt mal vu chez eux), et parce qu'ils ont l'habitude d'étrangers qui parlent anglais sans le maîtriser parfaitement. D'ailleurs, une Française qui parle anglais sera plutôt considérée comme mignonne (*cute*) et charmante (*charming*). Alors lancez-vous sans vergogne ! Le secret de l'apprentissage : en bonne paresseuse, donner à son esprit le temps d'absorber les choses sans pression inutile. Apprendre sans stress ni fatigue, privilégier le *souvent* plutôt que le *trop*. Et surtout, surtout, privilégier la *vie*. Voilà notre philosophie et... la vôtre certainement.

Si vous n'êtes pas déjà en train de feuilleter les pages, voici en deux mots comment ce guide est conçu :

- Il privilégie *l'oral* plutôt que l'écrit.
- Il met l'accent sur la pratique *actuelle*, *contemporaine*.

Vous allez pouvoir découvrir la langue telle qu'elle se parle aujourd'hui, et parfois en dépit des sacro-saintes règles grammaticales (qui sont plutôt descriptives que normatives en anglais). Vous trouverez toute une série d'exemples sous forme de dialogues qui vous permettront de comprendre comment la langue fonctionne tous les jours, et cela dans différents contextes. Rappelez-vous, l'anglais employé ici est du « *everyday English* » (*everyday* = tous les jours). Ne vous souciez pas des différents registres (langage parlé, populaire, argotique, ou au contraire soutenu, etc.), l'anglais mélange plus les registres que le français, donc notre conseil au sujet de ces problèmes : *forget it* (laissez tomber !). Toutefois, l'ouvrage prend soin de vous indiquer les formes qui relèvent de l'argot (amusez-vous à les apprendre, ça peut servir, vous en trouverez tout spécialement dans le chapitre sur le sexe...).

Un petit détail pour finir : surtout, ne vous prenez pas la tête avec ces histoires de différences entre anglais britannique et anglais américain ! D'ailleurs, dites-vous bien qu'elles ont de plus en plus tendance à disparaître.

Les lettres « US » vous signaleront tout de même l'usage américain et « GB » l'usage britannique quand ce sera nécessaire.

Alors ? *Let's go !*

chapitre 1

Les rencontres

LES RENCONTRES

Brisez la glace... (*break the ice*)

Dans une soirée, vous voulez vous présenter au beau mec assis près de vous... Ou alors, dans un cocktail de travail, vous voulez *enfin* aborder le grand patron... Ou encore, dans un magasin, vous tentez désespérément d'attirer l'attention d'une vendeuse distraite... Peu importe la situation, vous allez apprendre ici comment vous présenter puis entamer une conversation.

Se présenter...

Ne vous compliquez surtout pas la vie. Choisissez le plus simple. Ne traduisez pas *monsieur*, *madame*, *bonjour* ou *bonsoir*...

Hi ! Hello !	Bonjour...
Hi I'm...	Bonjour/salut, je suis.../ je m'appelle...
Hello I'm...	Bonjour/salut, je suis.../ je m'appelle...

Ou dites *Hi* ou *Hello*, puis donnez votre nom :

Hi... Isabelle Montfort... Nice to meet you*.	Bonjour/salut, (je suis) Isabelle Montfort, enchantée.

* *Nice to meet you* : raccourci pour ***It's** nice to meet you*...

À SAVOIR
....

Good morning, good evening et *goodnight* ! Sachez que *hello* et *bye* passent vraiment bien partout, mais on peut dire *good morning* et *good evening* dans le cadre d'une réunion de travail, pour être poli (*good morning* passe mieux que *hello* quand vous croisez au petit matin un beau collègue lors d'un petit déjeuner de travail). *Goodnight* s'utilise en général pour dire « bonne nuit », mais vous pouvez l'employer pour dire « bonne fin de soirée », quand il est tard et que vous partez vous coucher. On l'entend souvent à la télé et à la radio en fin d'émission.

Comment réagir quand on vous dit : *Hello, nice to meet you*, etc.

Hi !, Oh hi !, Hello !	Bonjour, Oh bonsoir, Ah salut !
Hi, nice to meet you !	Enchantée ! Bonsoir, enchantée moi aussi !
Hi / Hello, I'm Isabelle...	Bonsoir, je suis...
Pleasure !	Enchantée !
Hi, nice to meet you too !	Moi aussi (enchantée) !
It's a pleasure to meet you...	Enchantée !
Hi / Hello, I'm Isabelle... How are you !*	Bonsoir, je suis... Enchantée.

* Même si *How are you* signifie théoriquement « Comment allez-vous » c'est en réalité une façon de dire « Enchanté... »

Remarque : Si on vous dit *Good morning* vous pouvez répondre *Good morning* ou bien *Hello* ou *Hi*, comme le font les Américains – cela est devenu parfaitement acceptable.

LA GRAMMAIRE DES PARESSEUSES

Les contractions : en anglais, on dit rarement *I am*, *I have* ou *It is*. On préfère contracter : *I'm*, *I've* et *It's* ; on dira ainsi : *It's a pleasure to meet you*. On dira aussi *don't* pour *do not*, *can't* pour *cannot*, *he's* et *she's* pour *he is* et *she is*, *you're* pour *you are*... Vous en rencontrerez d'autres dans les chapitres à venir.

À SAVOIR

N'oubliez jamais le langage corporel ; faites un signe de tête sympathique avec le premier *Nice to meet you* et vous serez dispensée de dire *Hi/Hello*. Attention : les bises sont rares, *sauf* chez les New-Yorkais, San-Franciscains, Londoniens, et autres anglophones chics.

Comment indiquer votre présence et dire *Pardon, excusez-moi...*

Hi... Good morning (si c'est au matin)	Bonjour...
Hi, excuse me...	Bonjour, s'il vous plaît/excusez-moi...
Um, excuse me...	Euh, excusez-moi/s'il vous plaît (pour interpeller quelqu'un, comme un serveur).
Excuse me, Hello/Hi	Bonjour, excusez-moi.
Hi, excuse me please... Excuse me !*	Bonjour, s'il vous plaît/excusez-moi...

* Quand on ne veut pas vous écouter...

PARLONS UN PEU !

Vous êtes dans un bar et vous essayez de commander à boire ; vous finissez par attirer l'attention d'un beau mec à côté de vous.

Vous : *Hi...*
(Le barman ignore votre présence.)
Vous : *Excuse me...*
(Le barman ne vous voit toujours pas.)
Vous : *Excuse me please...*
Beau mec à côté : *He seems very busy, doesn't he...*
Vous : *Yeah...* (Vous riez parce que vous n'avez pas compris.)

Beau mec : *Hi, I'm Dave...*
Vous : *Hi, I'm Marybel, nice to meet you...*
Beau mec : *Do you live around here ?*
Vous : *I'm sorry I don't speak very good english...*

Vocabulaire

I'd like : Je voudrais.

He seems very busy, doesn't he : Il est très occupé, on dirait.

Do you live around here ? : Vous vivez par ici, vous êtes du coin ?

Comment réagir quand on se présente à vous, puis comment présenter quelqu'un à votre tour

Hi/ Hello, nice to meet you...	Bonjour/Salut, enchantée...
Hi I'm Isabelle... (and) this is...	Bonjour, je suis... (et) je vous présente...
Isabelle (Hi)... and this is my friend Jeanne.	Isabelle (bonjour)... et elle, c'est mon amie Jeanne.
Hello Dave... I'd like you to meet Jeanne.	Bonjour Dave, je vous présente Jeanne.
Isabelle... Jeanne, Jeanne... Isabelle !	Isabelle, (voici) Jeanne, Jeanne (voici Isabelle).

LA GRAMMAIRE DES PARESSEUSES

This/that, these/those : traduit par « voici » ou « c'est », *this/these* font allusion à une chose/personne située à proximité tandis que *that/those* servent à désigner des choses/personnes situées plus loin. On dira *This is Gene*, « Voici Gene. », mais *That is Allie*, « Là-bas, c'est Allie. » Le pluriel de *this/that* est *these/those* : *These are my parents*, « Voici mes parents/ce sont mes parents/ces personnes-ci sont mes parents. », mais *Those are Harry's parents*, « Là-bas ce sont les parents de Harry. »

LES RENCONTRES

PARLONS ENCORE UN PEU !

Au même bar, Dave se présente à vous mais vous n'êtes pas seule. Lui non plus.

Dave : *Oh Marybel, I'd like you to meet my buddy Cole...*
Vous : *Oh hi, Marybel, nice to meet you...*
Cole : *Hi Marybel...*
Vous : *Hello, um this is my friend Jeanne...*
Jeanne : *Hello...*
Cole : *Hello Jeanne, how are you...*
Vous : *We're O.K...*
Cole : *So are you on holiday in the States ?*

Vocabulaire

Buddy : pote, copain (argot américain)

Oh hi, Marybel : Ah oui, bonjour, (moi c'est) Marybel.

We're O.K. : Nous ça va.

So are you on holiday in the States ? : Alors vous êtes en vacances aux US ?

À SAVOIR

Hey, Good day et *How are you* : aux États-Unis, on dit très souvent *How are you ?* pour ouvrir une conversation comme on dirait « Ça va ? » en France à la place de « Bonjour ! » On dit aussi *Hey* pour *Hi*. En Australie, on dit *Good day !,* ce qu'on ne dit nulle part ailleurs.

Comment réagir quand on vous dit *Hello, how are you ?*

How are you ? s'emploie aussi bien lors d'une première rencontre, où, pour être honnête, on se fiche en général de savoir comment va la personne à laquelle on s'adresse, que quand on croise une personne que

l'on connaît, et dont on se soucie réellement de savoir comment elle va !
On a donc deux types de *How are you ?*

Premier type

O.K...	Oui. (réponse au *ça va*, automatisme).
I'm O.K. ! (très courant)	Ça va !
I'm good ! (argotique mais accepté, à ne pas utiliser dans un contexte stricte)	Ça va !
Good ! O.K. ! (sans dire ''I'm'')	Oui, ça va !

Deuxième type

I'm fine !	Moi ça va.
I'm O.K., how are you ?	Moi ça va. Et toi ?
I'm (doing) well !	Je vais bien.
I'm doing great !	Je vais très bien.
I'm fabulous !	Moi ça va super !
Oh not too well... not too great...	Oh, pas trop bien, non...
Oh not bad !	Oh, ça va (sans plus) !
I'm O.K., thanks ! I'm fine, thanks ! (plutôt poli, à qqn que vous ne connaissez pas très bien)	Je vais bien / Ça va !
Fine, thanks !	Ça va, merci !
I can't complain !	Ça va bien. (je ne peux pas me plaindre).

I'm fine, and you ? I'm fine, and yourself ? (plus respectueux)	Je vais bien, merci, et vous ?

PARLONS ENCORE UN PEU !

Vous êtes toujours au même bar que tout à l'heure et vous apercevez un type qui bossait autrefois avec vous.

Le type : *Hi ! Marybel, remember me ?*
Vous : *Oh hi Frank yes, nice to see you again !*
Frank : *It's so nice to see you here ! How are you ?*
Vous : *Oh I'm O.K... And yourself ?*
Frank : *Oh the same... Nothing new...*
N.B. : Marybel ne répond qu'à la dernière question (*How are you ?*), notez qu'il s'agit d'un *how are you* tout plein d'intérêt. Mais ça aurait pu se passer comme ça...
Frank : *So Marybel, how are you ? It's so nice to see you here !*
Vous : *Oh you too Frank... How's life ?*
Frank : *Oh the same... Nothing new...*
N.B. : Ici le *how are you* étant plutôt mécanique, Marybel lance son propre *how are you* (*How's life ?*) sans répondre au premier *how are you* formel de Frank.

Vocabulaire

It's so nice to see you here : C'est tellement sympa de te voir ici.

How's life : Et toi, la vie/Et toi, ça va ?

The same, nothing new : Comme d'hab, rien de nouveau.

Comment réagir quand on vous dit : *Nice to meet/see you*

Nice to meet/see you too (plus soutenu).	Ravi de faire votre connaissance *aussi*.
You too.	Ravi de vous rencontrer, *vous aussi*.

Maintenant, comment faire pour aller plus loin dans la conversation ?

La *polite conversation* ou *PC* en anglais fait référence aux questions les plus banales, ennuyeuses, il faut bien le dire, qu'on pose en début de conversation, mais qui ont pour effet de briser la glace (*to break the ice*) entre les interlocuteurs.

Where are you from ?	De quel pays/D'où venez vous ?
Where do you live ? Do you live (around) here ?	Où habitez-vous ?/Vous êtes du coin ?
Do you live in London ?	Vous habitez Londres ?
Have you lived (here) in Paris long ?	Vous habitez (ici) à Paris depuis longtemps ?
Have you been (here) to Paris before ?	Vous êtes déjà venu à Paris ?
Do you work here ?	Vous travaillez ici ?
Do you know the city well ?	Vous connaissez bien la ville ?
Is this your first time here ?	C'est la première fois que vous venez ?
Do you like Paris ? Do you like it here ?	Vous aimez Paris ? Ça vous plaît ici ?
What do you do ?	Vous faites quoi dans la vie ?

How do you know Dave... ?	Comment connaissez-vous Dave (quel est votre lien avec lui ?)
I've known Mary for years...	Moi, je connais Mary depuis des années...
Is this your house ? What a lovely place* you have...	C'est chez vous ici ? Vous avez vraiment un très bel appartement/ C'est très joli chez vous...

* En anglais, *place* qui veut dire « endroit » s'emploie très souvent pour remplacer *house*, « maison » ou *apartment flat*, « appartement ».

LA GRAMMAIRE DES PARESSEUSES

Quand on pose une question en anglais on inverse l'ordre de la phrase et, si nécessaire, on ajoute l'auxiliaire *do*. Ainsi, la phrase *I live in London* devient-elle : *Do you live in London ?* et la phrase *We come to Paris often* devient-elle *Do you come to Paris often ?*

Quelles sont les informations que vous allez donner à votre tour ?

Yes/yeah* I live in Paris ! around here ! close by...	Oui/Ouais, j'habite à Paris/par ici/tout près...
I'm French/Belgian/Canadian/ Swiss...	Je suis française/belge/ canadienne/suisse...
I've been here (for) about half an hour !	Ça fait une demi-heure que je suis là !
I've been here (for) five years. I've lived here all my life.	J'habite ici depuis cinq ans. J'ai vécu ici toute ma vie.
Yes I do ! I like London very much !	Oui (je l'aime). J'aime beaucoup Londres.

* *Yeah* est très courant en anglais et se prononce « ya ».

I'm a teacher/a legal assistant/a student/a free-lance journaliste ! I work for an art dealer. I manage a store. I have my own business. I work in publishing.	Je suis prof/institutrice/assistante dans un cabinet d'avocats/ étudiante/pigiste. Je travaille pour un vendeur d'art. Je suis gérante dans un magasin. J'ai ma propre entreprise. Je travaille dans l'édition.
Mary and I were at school/at university together. Mary and I met at work. We met through a common friend.	Mary et moi étions à l'école/à la fac ensemble. Nous nous sommes rencontrées au boulot. Nous avons été présentées par un ami commun.

À SAVOIR

Parler fric : les anglophones sont beaucoup plus ouverts sur les questions de boulot/salaire et de niveau de vie, ils parlent volontiers du superbe appart qu'ils ont pu se payer grâce à leur nouveau job, ou des vacances de rêve qu'ils se sont offertes, ou du manque d'argent depuis l'arrivée du bébé, etc.

LA GRAMMAIRE DES PARESSEUSES

Quelques prépositions : *In* : dans, à (*I work in publishing,* « Je travaille dans l'édition ») ; *I live in Paris,* « J'habite à Paris ») ; *Of* : de, à (*Sherry is a friend of mine*, « Sherry est une amie à moi ») ; *From* : de (*Where are you from ?*, « D'où venez-vous ? » ; *I'm from San Francisco,* « Je viens de San Francisco ») ; *At* : à (*Mary and I were at school together,* « Mary et moi étions à l'école ensemble »).

Comment faire pour répondre à des questions qui ne figurent pas ici ?

Autrement dit : « Comment comprendre ce qu'on me dit et répondre sans avoir l'air trop bête ? » Oui, il est temps d'élargir un petit peu votre vocabulaire. Mais, *relax*, ne vous mettez surtout pas à apprendre tout par cœur ! Lisez aussi souvent que possible les dialogues que vous allez trouver dans ce guide, ils vous permettront de connaître une gamme suffisamment fournie de toutes ces expressions que l'on entend en début de conversation. Ne paniquez jamais, et si parfois vous ne comprenez pas tout, n'hésitez pas à le dire à votre interlocuteur...

PARLONS UN PEU !

Vous êtes dans une soirée...

Un mec : *Hi, I'm Tony...*
Vous : *Hi, I'm Léa...*
Tony : *Nice to meet you Léa, are you a friend of Jeanne's ?*
Vous : *Yes I am, I've known Jeanne since high school...*
Tony : *Oh that's nice, do you live around here ?*
Vous : *No, I live pretty far away actually...*
Tony : *Oh O.K... I really like this neighborhood...*
Vous : *Yeah it's nice !*
(Petite pause dans la conversation.)
Vous : *So, are you on holiday ?*
Tony : *Yes I am. And I really like it too.*
Vous : *Yeah, Paris is a great city. Is this your first time here ?*
Tony : *Yes it is. I'm a friend of Dave's, Jeanne's boyfriend ? And he asked me to visit...*
Vous : *Oh O.K... And have you been here long ?*
Tony : *No, just a few days...*
(Pause.)
Tony : *So you live in Paris ?*
Vous : *Yes. I've lived here all my life...*
Tony : *Oh wow ! And what do you do ?*
Vous : *I'm a lawyer.*
Tony : *Oh, I run a business in legal and accounting services.*

CHAPITRE 1

Vocabulaire

Are you a friend of Jeanne's ? : Vous êtes une amie de Jeanne ?

I've known Jeanne since high school : Je connais Jeanne depuis le lycée (*high school* : usage américain).

I live pretty far away actually : En fait, je vis plutôt loin (d'ici).

I really like this neighborhood : J'aime beaucoup ce quartier.

It's nice : C'est sympa.

I really like it too : Oui et ça me plaît beaucoup.

Is a great city : C'est une superbe ville (*great* : sympa, super-sympa, génial...).

I'm a friend of Dave's, Jeanne's boyfriend : Je suis un ami de Dave, le copain de Jeanne.

And he asked me to visit : C'est lui qui m'a dit de venir (*to visit* : rendre visite).

Just a few days : Seulement quelques jours.

Lawyer : Juriste/avocat.

I run a business in legal and accounting services : Je suis directeur d'une société de services juridiques et comptables.

LA GRAMMAIRE DES PARESSEUSES

• Le possessif (*Jeanne's* boyfriend, *my* house) : en anglais, on n'utilise pas de préposition, on ajoute une apostrophe après un nom propre ou un substantif pour indiquer la possession (un vestige de l'anglais décliné : *the genitive*) : *I'm a friend of Caleb's*, « Je suis une amie de Caleb », *Dave is Jeanne's girlfriend*, « Dave est le copain de Jeanne. »

• Les adjectifs possessifs : en anglais, les noms communs n'ont pas de genre, c'est pourquoi les Anglo-Saxons ont les plus grandes difficultés pour savoir s'ils doivent dire « mon ou ma maison » ou encore « mon ou ma copine » en français. En anglais, on ne fait la distinction masculin/féminin que pour le possessif à la troisième personne du singulier et selon que c'est un homme ou une femme qui possède ; on dira ainsi **her** *house*, s'il s'agit de la maison d'une femme : « sa maison », et **his** *house*, s'il s'agit de la maison d'un homme : « sa maison ». On ne fait pas non plus de distinction entre le singulier ou le pluriel pour les adjectifs possessifs. Ainsi, on dira de la même façon **our** *car* (notre voiture) et **our** *cars* (nos voitures). Seul l'objet possédé, ici « *car* » (voiture) prend la marque du pluriel : « *cars* » (voitures), alors que l'adjectif « *our* » reste, lui, invariable.

PARLONS UN PEU !

Vous voilà maintenant dans un cocktail, une femme à côté de vous démarre la conversation :

Femme : *Hi, I'm Rachel...*
Vous : *Isabelle, hi...*
Rachel : *You're French, right ?*
Vous : *Yes I am, how did you know ?*
Rachel : *Oh your accent... So where are you from ?*
Vous : *Well, I live in Lille which is in the north of France.*
Rachel : *Oh wow, I'm from Australia but I love France. I go to Paris a lot...*
Vous : *Oh I don't know Paris very well... Do you go there on business ?*
Rachel : *Yes, mostly, I work in the biotech industry...*
Vous : *Oh O.K. And how long do you go for usually ?*
Rachel : *Oh just a few days. But how long are you in London for ?*
Vous : *Oh about two weeks. I'm visiting a friend here...*
Rachel : *Oh and you like it ?*
Vous : *Yes I do. I've been coming here for two years now.*
Rachel : *Oh O.K., well, if you want to go out sometime let me know ! I know some nice bars in the city...*
Vous : *Oh sure, that would be great, thanks.*

Vocabulaire

You're French, right ? : Vous êtes française, n'est-ce pas ?

How did you know ? : Comment le savez-vous ?

Oh your accent : Oh (c'est), votre accent.

Which is in the north of... : Qui est au nord de...

I go to Paris a lot : Je vais souvent à Paris (*a lot* : beaucoup).

I don't know Paris very well : Je ne connais pas très bien Paris.

Do you go there on business ? : Vous y allez pour les affaires ?

How long do you go for usually ? : Vous y allez pour combien de jours en général ?

About two weeks : Environ deux semaines.

I'm visiting a friend here : Je rends visite à une amie ici.

I've been coming here for two years now : Je viens ici depuis deux ans maintenant.

Well, if you want to go out sometime let me know : Bon, ben, si vous voulez sortir un de ces jours, dites-le-moi.

I know some nice bars in the city : Je connais des bars sympas dans la ville.

Oh sure, that would be great, thanks : Ah oui/bien sûr/ ce serait super, merci.

LA GRAMMAIRE DES PARESSEUSES

En anglais, il y a plusieurs façons de dire *beaucoup/plusieurs* : *I go to Paris **a lot*** « Je vais souvent à Paris », *I don't have **many** friends* « Je n'ai pas beaucoup d'amis », *I like Paris **very much*** « J'aime beaucoup Paris », *I don't know Paris **much*** « Je ne connais pas beaucoup Paris », *We've been to Paris **plenty of** times* « Nous sommes venus plusieurs fois à Paris. » Et puis il y a les quantités qui sont difficiles à déterminer : *I've been here **a few** days* « Je suis là depuis *quelques* jours », *I have **some** friends here* « J'ai *quelques* amis ici », *I've only been here **a couple of** days* « Je suis là depuis *quelques* jours seulement. » Enfin, pour accentuer ces quantités, on a ces adverbes bien utiles que sont *just, only, too* ou *very* : *I don't know Paris **very** well* « Je ne connais très bien Paris », *I've been here **only/just** a couple of days* « Je suis là depuis quelques jours *seulement* », *I don't have **too** many friends here* « Je n'ai pas *trop* d'amis ici. »

À SAVOIR

Mais c'est *fascinant* ! En anglais, vous entendrez souvent *Oh O.K. !*, *Oh wow !*, *That's interesting !*, *Amazing !* ou *That's incredible/fascinating !* (C'est incroyable/fascinant !), mais détrompez-vous, cela n'exprime rien d'autre qu'un intérêt poli pour ce que vous dites. N'en soyez pas flattée au point d'inonder votre interlocuteur avec davantage de détails sur votre vie. Écoutez plutôt et cachez votre propre ennui par les mêmes expressions.

PARLONS ENCORE UN PEU !

Toujours dans un cocktail, une jeune femme vous interpelle :

Sandy : *Hello, I'm Sandy, are you a friend of Irène's ?*
Vous : *Yes I am. Hi, I'm Guenaël.*
Sandy : *Guenaël ? That's an interesting name.*
Vous : *Yes, it's from Brittany.*
Sandy : *Oh wow ! It's nice to meet you.*
Vous : *You too. Do you know Irène ?*
Sandy : *Yes, I studied with her in the States. When she was an exchange student there.*
Vous : *Oh O.K. I was Irène's neighbor. We grew up together.*
Sandy : *Incredible ! So you've known her a long time ?*
Vous : *Yes I have. So are you in France on holiday ?*
Sandy : *Yes, I'm visiting Irène.*
Vous : *Oh O.K. And where are you from ? Where do you live ?*
Sandy : *I'm from the States. I live in San Francisco.*
Vous : *Oh that's amazing. I've always wanted to visit San Francisco.*

CHAPITRE 1

Sandy : *But you're so lucky ! You live in Paris. What do you do here ?*
Vous : *I'm a graphic designer. And you ?*
Sandy : *Oh, I'm a dental assistant. It's a boring job.*

Vocabulaire

Oh wow ! : Ah oui, eh bien (expression importante à connaître).

When she was an exchange student there : Quand elle était venue (ici) comme étudiante dans un programme d'échange.

I was Irène's neighbor : J'étais (une) voisine d'Irène.

We grew up together : Nous avons grandi ensemble.

You've known her a long time ? : Vous la connaissez depuis longtemps ?

That's amazing : C'est super/incroyable/génial.

I've always wanted to visit : J'ai toujours voulu aller à...

You're so lucky ! : Vous avez tellement de chance !

Graphic designer : Graphiste.

Dental assistant : Assistante dans un cabinet dentaire.

It's a boring job : C'est un travail ennuyeux.

À SAVOIR

Hello et *goodbye* : il existe plusieurs façons de dire *hello* en anglais (surtout en anglais américain). Il y a : *Hi*, *How are you*, *Hey*, *How's it going* (Comment ça va ?), *What's up* (Qu'est-ce qui se passe ?), *Howdy* (se dit au Texas !). Il en va de même pour *goodbye* : *Bye*, *Bye bye*, *See you*, *See ya, See you later, Later* (À bientôt), *See you around* (À un de ces quatre), *Take care*, *So long* (Prends soin de toi/À bientôt), *Ciao* !

Quelques expressions pour les retrouvailles

Hi Sandra, how are you, it's been ages !	Salut, Sandra, ça va ? Ça fait un bail !
How are you ? How are you doing ?	Comment ça va ?
How have you been ? What have you been up to ? What's up ? What's up with you ? What's new ? What's going on with you ?	Comment ça va ? Quoi de neuf ? Qu'est-ce que tu deviens ?
Are you still living in London ?	Tu habites toujours à Londres ?
No, I've moved to Edinburgh...	Non j'ai déménagé à Édimbourg...
Are you still working in... ?	Tu travailles toujours chez... ?
Are you still in touch with... ? Do you still see the others ?	Tu as gardé le contact avec... ? Tu continues à voir les autres ?
Let's meet up ! Let's get together.	Essayons de se voir.
Let's have a drink/lunch/dinner together...	Essayons de boire un verre/déjeuner/dîner ensemble...

LA GRAMMAIRE DES PARESSEUSES

Let's (contraction de *Let us*, le *us* indiquant qu'on va avoir affaire à la première personne du pluriel : « nous ») est une construction qui n'a pas d'équivalent en français. *Let's* transforme tout verbe qu'il précède en impératif (*Faisons ! Sortons ! Allons !*) : *Let's have a drink together*, « Prenons un verre ensemble » ; *Let's go out tonight*, « Sortons ce soir. » Par contre, la construction *let me* constitue une formule de politesse qui revient à dire « Permettez-moi », mais qu'on traduit plutôt par : « Je vais (faire)... » : *Let me give you my number*, « Je vais vous donner mon numéro. »

CHAPITRE 1

PARLONS ENCORE UN PEU !

Cette fois-ci, vous apercevez John, charmant Anglais que vous avez déjà rencontré l'été dernier à Paris. Allez, lancez-vous, vous allez l'inviter à sortir…

Vous : *Hi, John I don't know if you remember me, we met last summer at Peter's house ? I'm Francine…*
John : *Oh hi, Francine, yes, how are you ?*
Vous : *Oh not too bad, how about you ?*
John : *Oh I'm O.K., yeah, it's been a while hasn't it ?*
Vous : *Yeah, so how have you been ?*
John : *Oh great. I'm here on business actually but someone invited me to this party…*
Vous : *Oh O.K., so you've been in Paris for some days now ?*
John : *Yes, a couple of days… How about you ? What's new with you ?*
Vous : *Oh nothing much, I quit my old job so I've been taking some time off…*
John : *Oh, so what are you doing now ?*
Vous : *I work in television now. I'm a producer.*
John : *Oh wow, that's amazing.*
Vous : *So do you have many friends here in Paris ? D'you go out a lot ?*
John : *No, not too many, I have colleagues mainly, not really friends.*
Vous : *Well do you want to do something sometime ? I don't know, have a drink or dinner or something ?*
John : *Sure, that would be great !*
Vous : *O.K. ! Well, here's my number ! And you call me when you're free !*
John : *Excellent ! I will ! Bye !*
Vous : *Bye !*

Vocabulaire

I don't know if you remember me, we met last summer at Peter's house : Je ne sais pas si tu te souviens de moi, on s'est rencontrés chez Peter, l'été dernier.

Not too bad : Pas trop mal.

How about you ? : Et toi ?

It's been a while hasn't it ? : Ça fait un petit moment, n'est-ce pas ?

Actually : En fait.

Someone invited me to this party : Quelqu'un m'a invité à cette soirée.

So you've been in Paris for some days now ? : Donc tu es à Paris depuis quelques jours ?

A couple of days : Quelques jours (littéralement : deux jours).

What's new with you ? : Quoi de neuf (pour toi) ?

Nothing much : Rien de trop/spécial.

I quit my old job : J'ai quitté mon ancien emploi.

I've (I have) been taking some time off : Je prends quelques jours de repos.

I work in television : Je travaille à la télévision.

Do you have many friends here ? : Tu as beaucoup d'amis ici ?

D'you (Do you) go out a lot ? : Tu sors beaucoup ?

Not too many : Pas tant que ça (*too* signifie littéralement « trop »).

I have colleagues mainly, not really friends : J'ai des collègues surtout, pas vraiment des amis.

Do you want to do something sometime ? : Tu veux faire quelque chose un de ces jours ?

I don't know, have a drink or dinner or something : Je ne sais pas, on pourrait boire un verre, ou dîner ensemble.

That would be great : Ce serait génial.

Well here's my number : Eh bien, voici mon numéro.

And you call me when you're free : Appelle-moi quand tu es libre.
I will : Je le ferai, oui.

LA GRAMMAIRE DES PARESSEUSES

Le futur avec *will* : facile ! En anglais, on met un verbe au futur grâce à la forme *will* que l'on place tout simplement devant le verbe : *I will be in Liverpool tomorrow*, « Je serai à Liverpool demain. » Mais attention ! Quand on répond à un ordre ou à une question, on ne garde que l'auxiliaire *will* : *I will !*, « Je le ferai/Je viendrai/Je t'appellerai ! »

PARLONS ENCORE UN PEU !

Voilà que vous apercevez un beau mec que vous avez connu il y a un certain temps. Seulement, là, mauvaise nouvelle, il s'est marié…

Vous : *Gary ? Is that you ? Hi !*
Gary : *Hello Isobel, how are you ?*
Vous : *Oh I'm O.K., what's up with you ?*
Gary : *Oh well, I got married actually…*
Vous : *Married ! Really ? That's amazing ! Everyone's getting married these days !*
Gary : *I know, isn't it terrible ?*
Vous : *So who's the lucky person ?*
Gary : *Oh you don't know her… But here she is… Honey, this is Isobel, Isobel, meet my wife Selena…*
Selena : *Hi, nice to meet you…*
Vous : *You too ! So you both live in Chicago ?*
Gary : *No we moved to New York actually, we're both working there now…*
Vous : *Oh wow ! I can't believe it ! Well listen I have to run right now, but I hope to see you around sometime ! Maybe we could have lunch or something ! Catch up on all the news !*
Gary : *Oh sure ! That'd be great !*
Vous : *O.K. so give me a call if you can…*
Gary : *O.K. ! Take care Isobel !*

Vocabulaire

Is that you ? : C'est toi ?

Oh well I got married actually : Euh, en fait je me suis marié.

Really ? : C'est vrai/vraiment ?

Everyone's getting married these days : Tout le monde se marie maintenant/en ce moment/ces jours-ci.

I know, isn't it terrible : Oui, c'est affreux non ?

Who's the lucky person : Qui est la chanceuse (*who's* : contraction de *who is*) ?

Oh you don't know her : Oh, tu ne la connais pas.

Here she is : Mais la voici (qui arrive).

Honey : Chérie (usage US).

You both live in Chicago : Vous vivez tous les deux à Chicago.

We moved to New York : Nous avons déménagé à New York.

We're both working there now : Nous y travaillons tous les deux.

I can't believe it : Je n'y crois pas.

Listen, I have to run right now : Bon écoute, là, je suis pressée.

I hope to see you around : J'espère te revoir.

Maybe we could have lunch or something : On pourrait peut-être déjeuner ensemble.

Catch up on all the news : Se raconter tout ce qui s'est passé/rattraper le temps perdu.

That'd be great : Ce serait génial (*that'd* : *that would*).

So give me a call if you can : Donc/alors appelle-moi si tu peux.

CHAPITRE 1

Pour inviter quelqu'un à boire un verre, sortir, manger...

Would you like to have a drink sometime ? Do you want to have a drink sometime ?	Tu veux/vous voulez boire un verre (avec moi) un de ces jours ?
Do you want to have a drink ?	Vous voulez/tu veux boire un verre avec moi ?
Do you want to have lunch ?	Tu veux/vous voulez déjeuner (avec moi) ?
Do you want to go out sometime ?	Tu veux sortir un de ces quatre ?
Let's have lunch sometime...	Déjeunons ensemble un de ces quatre...
Let's go out sometime...	Sortons ensemble un de ces jours...
How about a drink sometime ? right now ?	Et si on prenait un verre un de ces jours/tout de suite ?
Shall we have a drink ? Are you free for a drink ?	Tu veux boire un verre ?
Maybe we could have dinner together ?	Peut-être qu'on pourrait dîner ensemble ?
Are you free for lunch now ? tomorrow ?	Vous êtes libre pour déjeuner maintenant/demain ?
Call me sometime.	Appelle-moi si tu veux (un de ces quatre).

LES RENCONTRES

PARLONS UN PEU !

Vous vous souvenez de nos amis Dave et Cole que vous avez rencontrés en début de chapitre ? Eh bien maintenant, ils vous invitent à sortir...

Cole : *So what are you guys doing right now ? Are you free for dinner ?*
Vous : *Oh I'm not sure, we're supposed to have dinner with some friends... Let me find out...*
Cole : *O.K., or we could go and have a drink somewhere else ?*
Vous : *Just a sec...*
(Vous passez un coup de fil puis vous revenez.)
Vous : *I'm sorry but we can't make it tonight... We're busy !*
Dave : *O.K. ! Some other time...*
Cole : *Yeah, why don't you give us your numbers and we'll call you or something ?*
Jeanne : *O.K. !*
Vous : *Well here's our number at the hotel...*
Cole : *O.K., and can we reach you anywhere else ?*
Vous : *Um no, just at the hotel really...*
Dave : *O.K... Nice meeting you Marybel...*
Vous : *You too...*
(Vous vous séparez... Mais Dave revient sur ses pas, seul...)
Dave : *Um Marybel, could I have your cell phone number in Paris ?*
Vous : *In Paris ?*
Dave : *Well, I'm going there next week and I was wondering if I could call you and we could have a drink or something... I mean only if you want to...*
(Vous rougissez parce que vous aimez bien Dave mais trouvez que Cole est un peu du genre crampon.)
Vous : *Sure ! That would be nice. Um here are my numbers... That's my cell phone and this is my home number...*
Dave : *O.K. so maybe we'll see you around then !*
Vous : *O.K. bye !*

Vocabulaire

What are you guys doing right now ? : Qu'est-ce que vous faites maintenant ? (*Guys*, qui voulaient dire *les gars*, est maintenant employé aussi bien pour les garçons que pour les filles.)

Are you free for dinner ? : Vous êtes libres pour le dîner ?

I'm not sure : Je ne suis pas sûre.

We're supposed to have dinner with some friends : Nous sommes censées dîner avec des amis.

Let me find out : Je vais me renseigner.

We can't make it tonight : Nous ne pouvons pas ce soir.

We're busy : Nous sommes prises/occupées.

Some other time : Une autre fois.

Why don't you give us your numbers and we'll call you or something : Eh bien, donnez-nous vos numéros et nous pourrions vous appeler un de ces quatre.

Here's our number at the hotel : Voici notre numéro à l'hôtel.

Can we reach you anywhere else ? : Nous pouvons vous joindre ailleurs ?

Just at the hotel really : Non, à l'hôtel malheureusement.

Could I have your number in Paris ? : Je peux avoir ton numéro à Paris ?

I'm going there next week : J'y vais la semaine prochaine.

I was wondering if I could call you and we could have a drink or something... : Je me demandais si je pouvais t'appeler et on pourrait manger, ou boire un verre...

I mean only if you want to : Mais seulement si tu en as envie.

That would be nice : Ce serait sympa.

Here are my numbers : Voici mes numéros.

Cell phone : Portable.

My home number : Mon numéro chez moi (poste fixe).

Maybe we'll see you around then : Bon, peut-être à bientôt alors...

À SAVOIR

Tics de langage : Il vous arrive – par fatigue, lassitude, désintérêt, ou parce que vous êtes en train de chercher vos mots – de glisser dans la conversation toutes sortes de « bon », « bon ben », « eh bien », « genre », « j'veux dire », « en fait », etc., n'est-ce pas ? Eh bien (hum...), les Anglais eux raffolent du *well*. ***Well***, *I'm going to Paris next week*, « En fait/bon, je vais à Paris la semaine prochaine », *Oh **well***, « Bon ben ... », ***I mean*** *if you want to*, « Je veux dire/bon si tu veux », *We could have a drink **or something***, « On pourrait *genre* boire un verre/On pourrait boire un verre. »

Pour donner vos coordonnées et demander celles des autres

Here's my number, This is my number...	Voici mon numéro...
Let me give you my number...	Je vais te/vous donner mon numéro...
Do you have my number?	Vous avez mon numéro ?
Take my number!	Voici (prends) mon numéro !
Can I have your number?	Je peux avoir votre numéro ?
Here are my contact details, Here's my contact information...	Voici mes coordonnées...

Is there some way I can contact you ? Where can I contact you ?	Comment je fais pour vous contacter ?/Où est-ce que je peux vous contacter ?
Can I get in touch with you ? contact you somewhere ?	Je peux te contacter (quelque part) ?

Refuser une invitation

Maybe some other time, « Peut-être une autre fois » ; *I can't tonight, I'm busy*, « Je peux pas ce soir je suis prise » ; *I'm not sure I can make it*, « Je ne crois pas que je peux » ; *I'm sorry I already made plans*, « Je suis désolée mais j'ai déjà prévu autre chose » ; *I'm sorry but I have other plans*, « Je suis désolée mais je suis déjà prise. »

Chez vous ou chez les autres

Jusqu'ici nous avons vu ce que vous devez dire lorsque vous rencontrez des gens à l'extérieur. Mais si vous êtes chez vous et devez accueillir des invités ? Que faut-il dire pour les inviter à prendre un café ?

Hi, I'm Isabelle, come on in...	Bonjour, je suis Isabelle, entrez...
Hi I'm Stéphanie, nice to meet you, come in...	Bonjour, ça va, je suis Stéphanie, entrez...
Come on in, sit down.	Entrez, asseyez-vous.
Why don't you sit down... have a seat...	Asseyez-vous, je vous en prie.
Would you like some coffee or tea ?	Vous prendrez un café ou un thé ?

Can I get you anything ?	Je peux vous offrir quelque chose ?
Can I get you something ? something to drink ?	Je peux vous offrir quelque chose ?/à boire ?
Is there anything I can get you ?	Je peux vous offrir quelque chose ?

PARLONS UN PEU !

On sonne à la porte de chez vous. Votre ami Franck arrive avec des amis américains. Vous leur ouvrez...

Franck : *Stéphanie, this is David and Solange...*
David : *Hi...*
Solange : *Hi...*
Vous : *Hello, I'm Stéphanie, nice to meet you, come on in...*
David : *Thanks...*
Solange : *Thanks... Oh you have such a nice apartment !*
Vous : *Thanks... Sit down please.*
Solange et David : *Thanks...*
Vous : *Would you like something to drink ?*
Solange : *I'm O.K...*
David : *I wouldn't mind just a glass of water...*
Vous : *Nothing else ? Some coffee or a soda ?*
David : *Yeah O.K., maybe a coke or something... If you have some.*
Vous : *Sure, just a minute. What about you Franck ?*
Franck : *Nothing for me, thanks.*
Vous : *And you Solange ?*
Solange : *I'm fine too, thanks.*
Vous : *O.K. then, I'll be right back.*

Vocabulaire

Come on in : Entrez, s'il vous plaît (plus poli que *come in*, mais pas différent dans le sens).

You have such a nice apartment : Vous avez un si bel appartement.

Sit down please : Asseyez-vous, s'il vous plaît.

Would you like something to drink ? : Vous voulez boire quelque chose ?

I'm O.K. : Moi ça va.

I wouldn't mind just a glass of water : Moi je ne dirais pas non à un verre d'eau seulement.

Nothing else : Rien d'autre.

Some coffee or a soda : Du café ou une boisson gazeuse.

Maybe a coke or something : Oui, juste un Coca, peut-être.

If you have some : Si vous en avez.

Just a minute : Juste une minute.

What about you Franck : Et toi/vous, Franck ?

Nothing for me, thanks : Rien pour moi, merci.

I'm fine too : Moi aussi ça va, merci.

O.K. then... : Bon ben.../et bien alors...

I'll be right back : Je reviens tout de suite.

LA GRAMMAIRE DES PARESSEUSES

Would et could : would transforme tout verbe qu'il précède en conditionnel : *I would like a vodka and tonic, please*, « J'aimerais une vodka tonic, S'IL VOUS PLAÎT. » *Could* est la forme conditionnelle du verbe « pouvoir » (*to be able*) ; il permet de construire des phrases comme : *We could have a drink or something*, « On *pourrait* boire un verre, par exemple. »

Chez les autres

Oh thanks...	Oh merci (quand vous entrez)...
Hi I'm Marie, a friend of Peter's, nice to meet you !	Bonsoir, je suis Marie, une amie de Peter, enchantée !
I wouldn't mind a glass of water, thanks...	Je ne dirais pas non à un verre d'eau (merci)...
Oh nothing for me thanks !	Rien pour moi, merci !
Oh I'm fine thanks !	Oh moi ça va (je ne prendrai rien), merci !
Are the others here yet ?	Les autres sont arrivés ?
Am I early ? I hope I'm not early !	Je suis en avance ? J'espère que je ne suis pas en avance !
What do you have ?	Qu'est-ce que vous avez (en boissons à me proposer) ?

Se dire au revoir, à bientôt...

Terminer une soirée, un rendez-vous ou une rencontre est aussi important que savoir dire bonjour ou bonsoir au début. N'essayez pas de traduire les formules de politesse françaises. Le plus simple en anglais, c'est de dire :

Bye, Bye bye !	Salut, au revoir !
Bye then ! O.K. then !	Bon ben au revoir !
See you !	À bientôt !
See you soon ! See you tomorrow ! next week !	À bientôt/à demain/à la semaine prochaine !
See you around (argot) !	À un de ces quatre !
See you next time* !	À la prochaine !
Take care !	Salut, au revoir (prends soin de toi) !
See you sometime !	À un de ces quatre !
Have a good evening** !	Passez une bonne soirée !
Good night*** !	Bonne nuit !
Ciao !	Ciao !

* Seulement quand il s'agit d'une activité régulière et programmée.
** À dire à des clients ou à votre P-DG.
*** À dire vraiment quand il est très tard ou quand vous quittez une soirée avant les autres.

À SAVOIR

Good appetite : ah non, surtout pas ! La formule « Bonne soirée ! » n'existe pas en anglais tout comme « Bon appétit ! » Mais on peut dire *Have a good/nice evening*, « Passez une bonne soirée », ou *Enjoy your meal* (pour « Bon appétit ! », une affreuse invention des restaurateurs américains). Si vous êtes entre amis ou copines, ne dites rien ou dites-le en français, c'est le plus simple et... très chic !

LES RENCONTRES

PARLONS UN PEU !

Vous êtes invitée à un dîner (*dinner party*) où il n'y a pas de beaux mecs (on ne peut pas tout avoir !) et vous vous ennuyez à mourir, vous voulez partir…

Les gens : bla bla bla…
(Petit trou dans la conversation.)
Vous : *Well um, it was really nice meeting you all but I have to get going, I have to be up early tomorrow…*
Gene : *Oh O.K. well, it was nice meeting you Marybel…*

Vocabulaire

I have to be up early tomorrow : Je dois me lever tôt demain.

Pour conclure une conversation avec une formule de politesse

It was great seeing you !	C'était très sympa de te/vous voir !
Well it was really nice meeting you !	Bon ben, c'était vraiment sympa de faire votre connaissance !
Well, it was really nice seeing you again.	C'était très sympa de te/vous revoir.
Well, Kate, it's getting late so…	Bon, Kate, il se fait tard, alors…
I think it's time for me to get going, I think I'll head home, I think I'll get going now	Je crois qu'il est l'heure pour moi de partir / Je crois que je vais partir / Je crois que je vais partir maintenant
Well, I have to go now but I hope to see you again ! soon !	Je dois partir là, mais j'espère qu'on peut se voir (se revoir) bientôt.

Unfortunately I have to run. I'm in a rush, but see you soon I hope !	Malheureusement je dois partir. Je suis pressée mais à bientôt j'espère !

LA GRAMMAIRE DES PARESSEUSES

To have to : signifie « devoir » et s'ajoute aux verbes pour former un verbe complexe (Je *dois* faire) : *I **have to go** home now*, « Je *dois* rentrer, maintenant. » On transforme une phrase en négative en ajoutant **not/do not** : *I **have** your number*, « J'ai votre numéro » ; *I **do not** have your number*, « Je n'ai pas votre numéro » ; I will go to Paris, « J'irai à Paris » ; I will **not** go to Paris, « Je n'irai pas à Paris ». Lorsqu'on répond à un ordre ou à une question, on abandonne le verbe pour ne garder que l'auxiliaire **do not** : *Do you have my number ?* « Vous avez mon numéro ? » ; *No, I **do not***, « Non, je ne l'ai pas ». On ne dira pas *I do not **have your number***.

PARLONS ENCORE UN PEU !

Cette fois-ci, moins drôle, vous êtes avec votre patron et son épouse dans un cocktail de travail...

Vous : *Well, Mr. Maitland, it was very nice meeting you... And you Mrs. Maitland...*
Mr. Maitland : *You too, Marie-Laure... I hope to see you in the London office sometime...*
Vous : *Absolutely. Mrs. Maitland, I hope you enjoy the rest of your stay in Paris...*
Mrs. Maitland : *Oh thank you, Marie-Laure, it was lovely to meet you too...*
Vous : *Thank you, have a good evening...*
Mr. Maitland : *Thank you, thanks very much...*
Vous : *Bye bye then...*
Mrs. Maitland : *Bye bye.*

Vocabulaire

And you : Et vous...

I hope to see you... sometime : J'espère vous voir au bureau de Londres un de ces jours.

I hope you enjoy the rest of your stay in Paris : J'espère que vous passerez un bon séjour à Paris.

Have a good evening : Bonne fin de soirée.

Thanks very much : Merci beaucoup.

À SAVOIR

Thanks : Vous venez de trouver le mot, ci-dessus, dans une conversation plutôt stricte où on peut dire *Have a good evening* et où ça sonne très chic. Mais on peut aussi dire *Thanks very much* au lieu de *Thank you*. Même si *Thank you* sonne plus élégant, *Thanks* passe vraiment partout (sauf bien évidemment si vous êtes devant Son Altesse la reine d'Angleterre...).

DIX FAÇONS DE FAIRE CONNAISSANCE *IN ENGLISH...*

1. Présentez-vous, présentez vos amis aussi.

Hi, I'm Isabelle, this is my friend Frédérique... / Hi, Hello, nice to meet you... / Hi, I'm Isabelle... (and) this is..., Isabelle... and this is my friend Jeanne... / Hello Dave... I'd like you to meet Jeanne...

2. Que répondre quand on vous dit *How are you* ?

I'm O.K. / I'm fine / Fine thanks /I'm doing great / I'm O.K., how are you ? / Oh not too well ; not bad ; not too great / I'm O.K., thanks / I'm fine, thanks / I'm fine / I'm (doing) well / I'm doing great / I'm fabulous / Fine, thanks, I can't complain / I'm fine and you ? /I'm fine, and yourself ?

3. Allez plus loin dans la conversation.

Where are you from ? / Where do you live ? / Do you live (around) here ? / Have you been (here) to Paris/New York before ? / What do you do ? / How do you know Dave/ Mary/Frank... ? / Do you like Paris ? / Do you like it here ? / Is this your house ?

4. Répondez aux questions posées...

I'm from Finland / I live in Paris / I've lived here all my life / I work as a dental assistant / I've known Mary all my life... / What a lovely place you have... / I'm French ; I'm from Belgium ; I'm Canadian / I'm a teacher ; I'm a legal assistant ; I'm a free-lance journaliste ; I work in publishing / Mary and I were at school together.

5. Exprimez-vous lors des retrouvailles.

Hi Sandra how are you, it's been ages ! / How are you doing ? / How have you been ? / What's going on with you ? / What have you been upto ? / What's up ? / What's up with you ? / What's new ? / Are you still working in... ? / Are you still living in London ? / Are you still in touch with... ? / Do you still see the others ? / Let's meet up ! / Let's get together ! / Let's have a drink sometime !

LES RENCONTRES

6. Invitez à boire un verre, à sortir, à manger...

Would you like to have a drink sometime ? / Do you want to have lunch ? / Do you want to go out sometime ? / Let's go out sometime... / How about a drink right now ? / Shall we have a drink ? / Let's go out sometime... / Are you free for lunch now/tomorrow ? / Call me sometime / Do you want to have a drink ?

7. Échangez vos coordonnées.

Here's my number / Take my number... / This is my number / Let me give you my number... / Do you have my number ? / Can I have your number ?/ Here are my contact details, Here's my contact information / Is there some way I can contact you ? / Can I get in touch with you ? / Where can I contact you ? / Can I get in touch with you somewhere ?

8. Accueillez les gens chez vous et soyez polie chez eux.

Hi, I'm Isabelle, Come on in / Come on in, sit down / Why don't you sit down ? / Have a seat / Can I get you anything ? / Is there anything I can get you ? / Would you like some coffee or tea ? / Oh thanks... / Hi, I'm Marie, a friend of Peter's, nice to meet you ! / Oh nothing for me thanks ! / I wouldn't mind just a glass of water, thanks ! / Am I early ? / I hope I'm not early ! / Are the others here yet ? / What do you have ?

9. Dites au revoir comme il faut.

Bye, Bye then / O.K. then / See you soon / Take care / Good night / See you next time ! / See you tomorrow ! / See you around ! / Ciao ! / Have a good evening !

10. Prenez congé poliment.

Well it was really nice meeting you / It was great seeing you / Well it's getting late, so I think I'll head home... / I hope to see you again soon / I think it's time for me to get going / I think I'll get going now / Well, I have to go now but I hope to see you soon / Unfortunately I have to run / I'm in a rush but see you soon I hope !

chapitre 2

La communication

La conversation téléphonique

Combien de fois avez-vous dit : « Je parle bien anglais quand j'ai les gens en face de moi, mais quand je suis au téléphone je deviens nulle... » ? Certes, la conversation téléphonique est difficile à maîtriser, on a parfois du mal à entendre ce que les gens disent et, surtout, on se retrouve privé de cette aide fantastique que constituent la gestuelle, les mimiques, les regards, enfin bref, tout le corps de la personne avec laquelle on parle quand on l'a devant soi. Alors, surtout, on se décontracte, on respire bien, on applique les deux, trois conseils qui suivent, on apprend les formules magiques, et il n'en faudra pas plus pour séduire l'homme que vous avez rencontré à Cancun, acheter un billet d'avion aux Bahamas ou encore louer une voiture à Miami, et tout ça par téléphone, bien entendu !

Hello ?

Vous appelez chez le beau Matt rencontré il y a peu à Miami mais vous vous retrouvez en ligne avec sa maman... Alors, là, c'est la panique ! Puisqu'on ne sait jamais d'avance à qui on aura affaire au téléphone, voici quelques formules de base qui vous permettront de rester sereine :

Allô, pourrais-je parler à ?...

Hello ?	Allô ?
Hello, could I speak to/with Matt (please) ?	Pourrais-je parler à Matt (s'il vous plaît) ?
Hello, is Matt there, please ?	Est-ce que Matt est là, s'il vous plaît ?
I'd like to speak to/with Matt, please...	J'aimerais parler à Matt, s'il vous plaît ?

Remarque : On dira « speak *to* » en GB/US ; « speak *with* » seulement aux US.

La maman vous demande qui vous êtes

Who's speaking (please) ?	C'est de la part de qui/qui est à l'appareil ?
Who's speaking/calling please ?	C'est de la part de qui/qui est à l'appareil, je vous prie ?
Who should I say is calling (please) ?	C'est de la part de qui/qui est à l'appareil (je vous prie) ?
May I know who's speaking/calling (please) ?	C'est de la part de qui/qui est à l'appareil (je vous prie) ?

Ou alors elle fait du *screening* (elle fait écran, elle veut d'abord savoir qui vous êtes)…

I'm afraid, Matt isn't here, may I know who's calling ?	Je suis désolée mais Matt n'est pas là, je peux savoir qui est à l'appareil ?
Matt has gone out, who's calling please ?	Matt est sorti, c'est de la part de qui (je vous prie) ?

Vous lui dites qui vous êtes

This is Maia.	Je m'appelle Maia.
My name is Maia…	Je m'appelle Maia.
My name is Maia and I'm calling from France.	Je m'appelle Maia et j'appelle de France.
My name is Maia, I'm a friend of his (calling) from Paris.	Je m'appelle Maia et je suis une amie de Matt, j'appelle de Paris.

LA COMMUNICATION

À SAVOIR

Le ton de la voix est vital au téléphone et en anglais un ton de voix interrogatif (montant) est devenu le ton par excellence pour exprimer la politesse... Alors pensez-y la prochaine fois que vous appelez et que vous demandez le beau garçon qui habite encore chez sa maman...

Continuons... La maman de Matt n'a pas fait de *screening* et elle vous dit de ne pas raccrocher, qu'elle va voir si Matt est dans les parages...

Could you hold on (please) ?	Vous pouvez patienter (s'il vous plaît) ?
Just a second/minute/moment (please)...	Un instant (s'il vous plaît)...
Hold on let me check !	Ne quittez pas je vais voir !
One moment (please)...	Un instant (s'il vous plaît) !
Hold on !	Un instant (s'il vous plaît) !
Hold on a second !	Un instant (s'il vous plaît) !
Just a second, I'll go and see if he's home...	Un instant, je vais voir s'il est là...

Vous répondez

Thank you, Thanks...	Je vous en prie...
O.K., All right...	Très bien !
Sure !	Je vous en prie...
No problem !	Je vous en prie...

Elle revient

I'm afraid he isn't in, can I take a message ?	Je suis désolée mais il n'est pas là, je peux prendre un message ?
He doesn't seem to be in, can I give him a message ?	Il a l'air d'être sorti, je peux lui donner un message ?
He isn't in right now...	Il n'est pas là en ce moment...
I think he's gone out !	Je crois qu'il est sorti.
Um, Matt isn't available, could I take a message ? can you call back later ?	Euh, Matt n'est pas disponible, je peux prendre un message ? vous pouvez rappeler plus tard ?

Autre possibilité : elle vous dit que Matt n'est pas là sans vous proposer de laisser un message. À vous de jouer, alors !

Oh O.K., well, could I leave a message ?	Bon, euh, je peux lui laisser un message ?
Do you know what time he'll be back ? when he'll be home ?	Savez-vous à quelle heure il sera là ? quand il sera rentré ?
Oh can I leave a message ?	Je peux laisser un message ?
Can you/could you ask him to call me back ?	Vous pouvez lui demander de me rappeler ?
Could you ask her/him to call me back at this number (please) ?	Vous pouvez lui demander de me rappeler à ce numéro, s'il vous plaît ?
Can I call back later ?	Je peux l'appeler plus tard ?

LA COMMUNICATION

LA GRAMMAIRE DES PARESSEUSES

Pour parler poliment, on dit *May I ?* ou *Could I ?* ou encore *Can I ?* : Il s'agit de trois façons de dire « Puis-je ? » (*may* = l'ancien subjonctif du verbe *pouvoir* ; *could* = conditionnel de *pouvoir* ; *can* = *pouvoir* conjugué au présent de l'indicatif). Tous les trois ajoutent une note de politesse à une question : *May I ask who's calling ?*, « Puis-je savoir qui est à l'appareil ? » ; *Could I leave her a message ?*, « Puis-je lui laisser un message ? » ; *Can I stay with you in Paris ?*, « Puis-je rester chez toi à Paris ? »

Vous avez demandé si Matt peut vous rappeler. Elle vous répond

| *Sure, does he have your number ?* | Bien sûr, est-ce qu'il a votre numéro ? |

Ça se corse un peu, côté conversation téléphonique

Matt doesn't live here anymore, let me give you his new number...	Matt n'habite plus ici, je vais vous donner son nouveau numéro...
Matt isn't here, (maybe you could) try his cell phone.	Matt n'est pas là, (vous pourriez peut-être essayer) essayez son portable.
Matt is out, do you have his cell (phone) number ?	Matt est sorti, vous avez son numéro de portable ?

Ou c'est vous qui dites

Let me give you my number...	Je vous laisse mon numéro...
I'll give you my number...	Je vais vous laisser mon numéro...

Et pour conclure, vous vous dites

Thank you, bye bye !	Merci, au revoir !
Thanks, bye !	Merci, au revoir !
Thanks very much, bye bye !	Merci beaucoup, au revoir !

Quelques formules de politesse qui vous faciliteront la vie

Is this a bad time ?	Je te dérange peut-être...
I hope this isn't a bad time...	J'espère que je ne te dérange pas...
Am I calling, am I catching you at a bad time ?	Je te dérange peut-être ?
I'm sorry were you in the middle of something ?	Je suis désolée, tu étais occupé peut-être...
Did I catch you in the middle of something ?	Je t'ai dérangé (alors que tu étais en train de faire quelque chose) ?
I'm not disturbing you, am I ?	Je ne te dérange pas si ?...
I won't keep you...	Je ne te retiens plus...
Speak to you soon !	À bientôt (au téléphone) !
Hope to speak to you soon !	J'espère pouvoir te parler bientôt !
(It was) Great talking to you !	(C'était) Super de t'avoir au téléphone !

* littéralement : est-ce un mauvais moment.

LA GRAMMAIRE DES PARESSEUSES

Différence entre *at all* et *not at all*.

Commençons par la forme négative, car c'est plus facile à comprendre pour un Français : *Not at all* signifie tout simplement « pas du tout ». On dira par exemple : *I don't like Paris at all*, « Je n'aime pas *du tout* Paris. » Mais la forme affirmative *at all* n'a pas d'équivalent en français, on peut tenter de la traduire par « ou pas du tout » : *Are you familiar with London at all ?*, « Tu connais Londres *ou pas du tout* ? », *Do you have any money at all ?*, « Tu as de l'argent *ou pas du tout* ? »

PARLONS UN PEU !

Vous avez acheté une robe qui est trop petite, vous voulez la rendre ; vous appelez le magasin...

Vous : *Hello...*
Votre interlocuteur : *Harks and Lenser's, how may I help you ?*
Vous : *Hi, could I speak to the manager please ?*
Votre interlocuteur : *This is the manager speaking...*
Vous : *Hello, I bought a dress at your store on Saturday and I wanted to return it, could you tell me what I need to do ?*
Manager : *Sure, just bring it in with your receipt, should be fine...*
Vous : *O.K. thank you...*
Manager : *You're welcome, bye bye...*

Vocabulaire

How may I help you : (*Nom du magasin*) Bonjour (*Comment puis-je vous aider ?*)

Could I speak to the manager please : Puis-je parler à la gérante/directrice, s'il vous plaît ?

This is the manager speaking : Ici la gérante/directrice.

I bought a dress at your store on Saturday and I wanted to return it : J'ai acheté une robe chez vous samedi et je voudrais la rendre.

Could you tell me what I need to do ? : Vous pouvez me dire ce qu'il faut que je fasse ?

Sure, just bring it in with your receipt : Bien sûr, rapportez-la avec votre reçu.

Should be fine : Et ça devrait être bon. (*It* should be fine, *It* est omis.)

You're welcome : Je vous en prie.

C'est moi-même

Speaking... (GB) *!*	C'est moi-même !
This is (the manager)...	Ici (le gérant)...
This is he/she (US) *!*	C'est moi... (littéralement : *c'est lui/elle*)
This is (the manager) speaking !	Ici (le gérant) !

Vous vous trompez de numéro !

I'm afraid you've got the wrong number !	Je crois que vous vous trompez de numéro !
Sorry wrong number (pas super poli mais efficace) *!*	Vous vous trompez de numéro !
No you've got the wrong number !	Désolé vous vous trompez de numéro !
There's no Harry here (pas non plus la réponse la plus polie du monde) *!*	Il n'y a pas de Harry ici !

Toutes les façons de demander poliment un numéro

Sorry to bother you but would you happen to have Harry Gable's number please ?	Désolée de vous déranger mais est-ce que vous auriez le numéro de Harry Gable, s'il vous plaît ?
I'm sorry, I'm trying to reach Dave, is he there ? Is this is number ? Do you have his number ?	Excusez-moi, j'essaie de contacter Dave, il est là ? C'est bien son numéro ? Vous avez son numéro ?
Would you happen to have his new number ?	Vous n'auriez pas son nouveau numéro, par hasard...
You wouldn't have his new number would you ?	Vous n'auriez pas son nouveau numéro, si ?
Do you have his new number (at all) ?	Vous avez son nouveau numéro ?

À SAVOIR

Les chiffres et les numéros de téléphone : en anglais on ne donne pas les numéros de téléphone en dizaines comme en français (43, 56, etc.). Ce ne serait pas considéré comme une erreur de le faire, mais on préfère tout simplement énoncer chaque chiffre (4, 3, 5, 6...). Par exemple, *555 4321* sera énoncé de cette façon : *Five five five* (pause) *four three two one*.

UTILE AUSSI :

Les indicatifs des villes (*city code*) et pays (*country code*) et/ou région/province/État (*area code*) sont aussi énoncés chiffre par chiffre, sauf pour les numéros gratuits ou payants, pour lesquels on dira, par exemple : *It's an eight hundred number* ou *It's a one eight hundred number* (C'est un numéro huit cents) et *It's a nine hundred number* ou *It's a one nine hundred number* (C'est un numéro neuf cents).
Attention : aux États-Unis, les *nine hundred numbers* (liés aux besoins sexuels des hommes *seuls*) sont souvent des numéros très coûteux ! Alors si vous êtes là-bas et que vous trouvez que votre facture en contient beaucoup, renseignez-vous auprès de votre copain...

CHAPITRE 2

La messagerie...

PARLONS UN PEU !

Vous avez enfin le numéro de Dave et vous appelez, mais vous tombez sur une (sa ?) messagerie. Surtout ne raccrochez pas bêtement, lancez-vous, laissez un message...

Vous : *Hello ?*

Messagerie : *Hi, you've reached 555 6767, leave your name number and message and I'll get back to you as soon as possible... Thanks bye.*

Vous : *Hello, this is Marybel Gand and I'm trying to reach Dave Hannaby. If this is Dave's number, please call me back at the number you see on your caller ID. Thanks bye bye.*

Vocabulaire

You've reached : Vous êtes bien au...

Leave your name number and message : Laissez votre nom, vos coordonnées et un message...

And I'll get back to you as soon as possible : Et je vous rappellerai dès que possible.

I'm trying to reach : J'essaie de contacter/joindre...

If this is Dave's number : Si c'est bien le numéro de Dave...

Please call me back at the number you see on your caller ID : Veuillez me rappeler au numéro que vous voyez affiché (*caller ID* : identification du numéro).

LA COMMUNICATION

Pour dire vous êtes bien au

You have reached Bob and Mary/Bob and Mary's residence...	Vous êtes bien chez Bob et Mary...
This is 555 1313...	Vous êtes bien au 555 1313...
You have reached 555 1313...	Vous êtes bien au 555 1313...

Nous ne sommes pas là/je ne suis pas disponible

We/I can't come to the phone right now...	Nous ne pouvons/je ne peux pas vous répondre pour l'instant...
We are/I am unable to come to the phone right now...	Nous ne pouvons/ je ne peux pas vous répondre pour l'instant...
We/I can't take your call right now...	Nous ne pouvons/ je ne peux pas vous répondre pour l'instant...

Mais laissez-nous/laissez-moi vos coordonnées + un message

But leave us/me your name and number (after the beep)...	Mais laissez-nous/moi vos coordonnées (après le top/bip sonore).
But please leave us/me your name and number...	Mais laissez-nous/moi vos coordonnées...
But if you leave us/me your name and number...	Mais si vous nous/me laissez vos coordonnées...
But leave us/me your name, number and a brief message...	Mais si vous nous/me laissez vos coordonnées et un message (court/bref)...

Nous vous rappellerons/Je vous rappellerai dès que possible

We'll/I'll call you back as soon as possible...	Nous vous rappellerons/Je vous rappellerai dès que possible...
And we'll/I'll return your call as soon as we/I can...	Nous vous rappellerons/Je vous rappellerai dès que possible...
We'll/I'll return your call shortly...	Nous vous rappellerons/Je vous rappellerai dès que possible...
We'll/I'll get back to you as soon as possible...	Nous vous rappellerons/Je vous rappellerai dès que possible...

Laisser un message

Bonjour je suis

Hi, I'm Maia...	Bonjour, je suis Maia...
Hi, my name is Marybel...	Bonjour, je m'appelle Marybel...
Hello, my name is Fatima...	Bonjour, je m'appelle Fatima...

Et j'appelle de

And I'm calling from (un numéro, une ville, une société)...	Et j'appelle de...
And my number is...	Et mon numéro est le...

J'appelais à propos de

I was calling about, I'm calling about...	J'appelais, j'appelle à propos de...
I was calling to ask...	J'appelais pour demander...
I was trying to get in touch with...	J'essayais de contacter...
I'm trying to reach...	J'essai de joindre...
And this is about...	Et c'est à propos de...
And I was calling because...	Et j'appelle parce que...

Rappelez-moi au/je vous rappellerai...

Please call me back at (numéro)...	Veuillez me rappeler au...
I'll try calling you later, at...	J'essaierai de vous rappeler plus tard, à (une heure)...

Vous ne reconnaissez pas la voix sur la messagerie...

If this is Dave's voice mail, hi this is Marybel, could you call me back at...	Si je suis bien chez Dave, bonjour, ici Marybel, pouvez-vous me rappeler au...
I'm not sure if this is Dave... If it is, hello, this is Marybel and my number is...	Je ne suis pas sûre d'être bien chez Dave, si c'est bien le cas, bonjour, ici Marybel, mon numéro est le...
Hello I'm looking for Dave, if this is Dave's voice mail, please call me back at... This is Marybel...	Bonjour, je cherche Dave. Si je suis bien chez lui, veuillez me rappeler au... C'est Marybel à l'appareil...

CHAPITRE 2

PARLONS UN PEU !

Le beau Dave vous appelle *enfin* chez vous...

Vous : *Allô ?*
Dave : *Hi, is this Marybel ?*
Vous : *Yes...*
Dave : *Hi Marybel this is Dave...*
Vous : *Oh hello...*
Dave : *I'm so sorry, I did get your message last week but I was out of town when you called...*
Vous : *Oh that's O.K...*
Dave : *And when I called your hotel, you had already left...*
Vous : *Oh that's fine... So um how are you ?*
Dave : *Well I'm in Paris actually and I was wondering if I could see you ?*
Vous : *Oh I...*
Dave : *I was hoping I could make up for missing you in the States...*
Vous : *Oh well, I don't know...*
Dave : *Are you free for dinner tonight ?*
Vous : *No, I'm busy actually...*
Dave : *Well, how about tomorrow ?*
Vous : *I'm not sure, I have something planned but it's not confirmed yet, can I call you somewhere ?*
Dave : *Sure, let me give you my number at the hotel and you can leave me a message ! And if I don't hear from you by the afternoon, I'll call you...*
Vous : *O.K., sounds fine...*
Dave : *O.K. then, hope to see you tomorrow ?*
Vous : *Yeah...*
Dave : *Bye then Marybel...*
Vous : *Bye...*

Vocabulaire

I did get your message last week : J'ai bien eu ton message la semaine dernière.

But I was out of town when you called : Mais je n'étais pas en ville quand tu as appelé.

When I called your hotel, you had already left : Quand j'ai appelé ton hôtel tu étais déjà partie.

I was wondering if I could see you : Je me demandais si je pouvais te voir.

I was hoping I could make up for missing you in the States : J'espérais pouvoir me rattraper après t'avoir ratée aux US.

Are you free for dinner tonight : Tu es libre pour dîner ce soir ?

I have something planned but it's not confirmed yet : J'ai quelque chose de prévu mais ce n'est pas encore confirmé.

Can I call you somewhere : Je peux te joindre quelque part ?

Let me give you my hotel number : Je vais te donner mon numéro à l'hôtel.

And you can leave me a message : Et tu peux me laisser un message.

And if I don't hear from you by the afternoon, I'll call you : Et si je n'ai pas de tes nouvelles demain après-midi, c'est moi qui t'appellerai.

Sounds fine : Ça m'a l'air bien/O.K..

Hope to see you tomorrow : À demain j'espère/peut-être.

CHAPITRE 2

LA GRAMMAIRE DES PARESSEUSES

Le *past perfect* : le plus-que-parfait ou le passé dans le passé (Tu étais partie ; Nous avions fait...) se forme avec l'auxiliaire *had* + le passé simple : *When I called you **had** already **left*** !, « Quand j'ai appelé tu étais déjà partie » ; *We **had seen** the film before but we decided to see it again*, « Nous avions déjà vu le film mais nous avons décidé de le revoir. »

À SAVOIR

L'emphase : pour dire *C'est moi qui t'appellerai* ou *C'est moi qui irai*, on dira : *I'll call **you*** et *I'll go*... en mettant avec la voix l'accent sur le mot *you* et sur *I'll* ; en anglais le ton de la voix, on l'a déjà dit, est autant un outil de communication que les mots eux-mêmes.

Pour parler d'un message (reçu, pas reçu)

Leave me a message !	Laisse-moi (laissez-moi) un message !
I left you a message !	Je t'ai laissé un message !
I got your message !	J'ai eu ton message !
I didn't get your message !	Je n'ai pas eu ton message !
Did you leave me a message ?	Tu m'as laissé un message ?
When did you leave me a message ?	Quand est-ce que tu as laissé un message ?
I called and I got your voice mail !	J'ai eu ta messagerie !
I left a message on your voice mail !	J'ai laissé un message sur ta messagerie !

Pour donner un numéro quand vous n'êtes pas (forcément) chez vous...

Let me give you my number at the hotel !	Je vais te donner mon numéro à l'hôtel !
Let me give you my mobile number (GB), my cell phone number (US) !	Je vais te donner mon numéro de portable
Let me give you my home number, my office number, my work number !	Je vais te donner mon numéro chez moi, au bureau, au travail
Call me at this number...	Appelle-moi sur ce numéro !
You can reach me at this number !	Tu peux me joindre sur ce numéro !

Pour répéter ou faire répéter (un numéro, un nom, etc.)

That's Isabelle Lagrange and my number is...	Donc (pour reprendre) c'est Isabelle Lagrange et mon numéro est le...
I repeat, my name is Isabelle Lagrange...	Je répète, je suis Isabelle Lagrange...
So that's Isabelle Lagrange...	Je suis donc Isabelle Lagrange...
Let me repeat, that's country code 91 and the number is 555 9898...	Je répète : le code pays est le 91 et le numéro est le 555 9898...
Could you repeat that please ? (quand on vous donne un numéro)	Vous pouvez répéter, s'il vous plaît ?
Could you say that again please ?	Vous pouvez répéter ce que vous venez de dire, s'il vous plaît ?

| *I didn't catch that, could you repeat please ?* | Je n'ai pas bien compris, vous pouvez répéter, s'il vous plaît ? |
| *I didn't get/catch your name...* | Je n'ai pas bien entendu votre nom... |

La messagerie automatique

Vous paniquez quand vous n'entendez pas une voix humaine de l'autre côté ? C'est normal de perdre ses moyens quand on entend la voix d'un extraterrestre qui refuse obstinément de comprendre ce que vous voulez *ou* qui vous demande, par exemple, votre numéro de Sécu. Mais si vous accordez quelques minutes d'attention aux passages qui suivent, vous apprécierez de vous retrouver en ligne, la prochaine fois que vous tomberez sur une messagerie automatique...

PARLONS UN PEU !

Au restaurant : Vous appelez un restaurant pour faire une réservation et tombez sur la messagerie automatique...

Vous : *Hello...*
Restaurant : *You have reached Antonio's on Park Avenue. Please press 1 to make a reservation, 2 to leave a message or call back after five p.m. to speak to someone personally.*
(Vous appuyez sur 1.)
Nouveau message : *To make a reservation please leave your name, telephone number, time of reservation and number of people you are reserving for after the beep...*
Vous : *Hello, my name is Amalia and I'd like to reserve a table for two, for nine p.m. this evening, please. My number is 555 6565. Thank you very much. Bye bye.*

Vocabulaire

You have reached... : Vous êtes bien chez...

Please press 1 to make a reservation : Pour faire une réservation faites le 1.

2 to leave a message : Faites le 2 pour laisser un message.

Call back after five p.m. to speak to someone personally : Rappelez après 17 heures pour parler à quelqu'un.

Time of reservation : Heure de la réservation.

Number of people you are reserving for : Nombre de personnes.

After the beep : Après le bip.

I'd like to reserve a table for two : J'aimerais réserver une table pour deux.

For nine p.m. this evening : Pour 21 heures ce soir.

À SAVOIR

En anglais on ne donne pas l'heure comme en français (*cinq* heures, *dix-sept* heures ; *huit* heures, *vingt* heures, etc.), sauf à l'armée. On donne l'heure en distinguant le matin (*a.m.* = avant midi) de l'après-midi (*p.m.* = après midi). Cinq heures se dira donc *five a.m.* et dix-sept heures, *five p.m.* Mais on peut aussi dire *five in the morning* (cinq heures du matin), *five in the afternoon* (cinq heures de l'après-midi), *seven in the evening* (sept heures du soir) et *ten at night* (dix heures « littéralement : de la nuit »). Pour *midi* et *minuit*, on dira *noon* et *midnight* mais tout aussi facilement *twelve noon/twelve midnight* ou bien *twelve in the afternoon* et *twelve at night*.

La douce voix de la messagerie

Vous pouvez entendre ceci

Welcome to DFG...	Bienvenue chez DFG...
Press 1 for/to...	Faites le 1 pour.../pour faire...

Press 2 for/to...	Faites le 2 pour.../pour faire...
Or wait on line for operator assistance...	Ou patientez en ligne pour une assistance opérateur...

Ou encore cela

You have reached HJ Bank...	Bienvenue chez HJ Bank...
To open a new account press 1...	Pour ouvrir un compte faites le 1...
For account information press 2...	Pour des renseignements sur votre compte faites le 2...
To speak to an account executive press 3...	Pour parler à un employé faites le 3...
To leave a message or make a complaint press 4...	Pour laisser un message ou pour toute réclamation faites le 4...
If you wish to reach an extension number, please enter it now...	Si vous avez un numéro de poste, composez-le maintenant...
Or press the star sign to return to the main menu...	Ou appuyez sur l'étoile pour revenir au menu principal...

PARLONS UN PEU !

Vous appelez pour changer votre billet de retour de Hawaii, et pas de chance… vous tombez sur un standard électronique.

Vous : *Hello...*

Messagerie : *Welcome to the SQF Airlines main menu. All our agents are currently busy so please stay on hold, and one of our customer service agents will be with you shortly. If you have a question about your ticket, please press 1. To inquire about flight timings press 2. To inquire about your mileage status or special offers on our frequent flier program, press 4. For all other queries, please hold for a customer service agent or try again later.*

Vocabulaire

Welcome to the (...) main menu : Bienvenue au menu principal de...

All our agents are currently busy : Tous nos agents sont actuellement occupés.

So please stay on hold : Alors veuillez ne pas quitter.

One of our customer service agents : Un agent de notre service clientèle...

Will be with you shortly : ...prendra votre appel dans les plus brefs délais.

If you have a question about your ticket : Si vous avez une question concernant votre billet...

To inquire about flight timings : Pour des renseignements concernant les horaires de vols...

Mileage status : Vos miles.

Special offers : Offres spéciales.

Frequent flier program : Notre programme de fidélisation (grands voyageurs).

For all other queries (ou *enquiries/inquiries*) : Pour tout(e) autre question/renseignement...

Please hold for a... : Veuillez ne pas quitter et un agent...

Les textos

On appelle les textos des *sms* ou *text message* en anglais. On dira par exemple *Send me an SMS* « Envoie-moi un texto » ; *I received/I got your text message* « J'ai reçu ton texto », *I messaged you/I sms'd you* « Je t'ai envoyé un texto », *When did you text/message/sms me ?* « Quand m'as-tu envoyé un texto ? » et enfin *To download the latest ringtones, text 65467...* « Pour télécharger les dernières sonneries envoyez un texto au 65467... »

Le courrier

Fini le romantisme de la belle lettre bien calligraphiée ! Un peu partout dans le monde, on frappe dorénavant son courrier. Aujourd'hui, aux États-Unis, plus personne n'écrit à la main, il n'y a plus que les enfants et les médecins pour tenir un stylo... Les courriers électroniques ont leur propres conventions, et le monde anglo-saxon a quelques spécificités qu'il faut absolument connaître.

Commencer une lettre

Le plus souvent, on commencera par *Dear* (*nom*) et on terminera par une formule de politesse comme *Sincerely* ou *Affectionately*. Et on la rédigera de la manière suivante :

Aux US

Votre adresse (en haut à gauche)

L'adresse du/de la destinataire (sous votre adresse en haut à gauche)

Date (mois/jour/année = *usage américain*)

Au Royaume-Uni (et dans le reste du monde)

Votre adresse   L'adresse du/de la destinataire

La date (jour/mois/année)

Ensuite

Dear Felicity,

It was really nice seeing you again this year (bla bla bla bla bla bla)…

Thank you again,

Regards

(espace pour votre signature)

Noelle Froment

Voici le format visuel de la lettre. Vous remarquerez qu'on signe *avant* de mettre son nom à la fin (mais vous pouvez faire autrement, ce n'est pas gênant) et que l'on termine par une phrase assez cordiale sans être trop « lèche-cul » genre *Thank you again* ou *I hope to see you soon*. Sachez qu'une lettre en anglais, à condition de suivre quelques notions de base, reste tout de même un terrain de grande liberté alors donnez libre cours à votre esprit créatif.

Vocabulaire

Regards : Amitiés.

Remarque : Comme on l'a vu, la date se donne aux États-Unis dans l'ordre *mois/jour/année* tandis qu'au Royaume-Uni (et dans tous les autres pays anglophones) elle est donnée comme en France : *jour/mois/année*.

Les formules de politesse

Il existe plusieurs conventions en la matière, selon qu'on écrit à une amie, à un amoureux, un collègue, ou à une personne à qui on envoie un mailing (en anglais *mailer*). Puis il y a les petits écarts entre les usages britannique et américain. Globalement, il faut savoir que les conventions modernes sont loin d'être très strictes en la matière. La langue étant si souvent maltraitée par des personnes qui ne veulent rien savoir ni de la grammaire ni de l'usage correct (y compris le président actuel des États-Unis), jetez-vous à l'eau et sans complexes !

Pour commencer une lettre

Lettre impersonnelle (mailing, lettre d'affaires)

Dear Mr./Ms.*, Dear Sir/Madam,

Lettre personnelle (à des amis, collègues, amoureux...)

Dear..., My dear..., My dearest... (pour quelqu'un de très proche/un amoureux)

* On a inventé *Ms.* en anglais car *Mrs.* (pour une femme mariée) ou *Miss* (pour une jeune fille) par rapport au seul *Mr.* (où on ne voit pas si l'homme est marié ou non) étaient considérés comme sexistes.

Pour terminer

Lettre impersonnelle (mailing, lettre d'affaires)

Yours sincerely, Yours faithfully, Yours truly, Regards (GB).

Lettre personnelle (à des amis, collègues, amoureux...)

Yours affectionately, Regards, Kind regards, Warm regards, Love, Lots of love, Hugs, Hugs and kisses (GB) (tout est possible).

Sincerely, Yours faithfully, Yours truly, Regards (US).

Regards, Kind regards, Warm regards, Love, Lots of love, Hugs, Hugs and kisses (US).

Remarque : Le mot *yours* que vous voyez ici s'apparente au pronom possessif « vôtre » en français.

Vocabulaire

Faithfully/truly/sincerely : Très sincèrement (*to be faithful/true* : être fidèle).

Dear : Cher/chère.

Warm regards/kind : Mes amitiés (*warm* : chaleureux, *kind* : gentil).

Nuances à noter...

Comme nous l'avons dit, les formules de politesse dans les lettres laissent une grande marge de manœuvre. Par exemple, pour terminer un courrier, on dira le plus souvent *Yours sincerely* ou *Sincerely* ; *Yours faithfully*, *Yours truly* étant réservés pour les occasions plutôt strictes (communications d'ordre juridique, lettre de candidature d'embauche). De la même façon, quand vous connaissez un peu la personne à qui vous écrivez, vous pouvez dire *Regards*, *Kind regards* ou *Warm regards* (comme vous le souhaitez), même si la lettre concerne le travail ou une transaction quelconque.

Par contre, si vous êtes amie de la personne, vous pouvez employer quelque chose de plus chaleureux comme *All the best*, *Warmest regards*, *Best wishes* ou même *Love* s'il s'agit d'un(e) ami(e) très proche. Si l'ami(e) est vraiment très proche vous pourrez dire *Lots of love* et alors ajouter les fameux « xxx » (*kisses*, bisous) ou « xoxo » (*hugs and kisses*, bisous et étreintes).

CHAPITRE 2

Internet

Le rêve pour une paresseuse : Internet « parle » français ! Il suffit de le lui demander... Toutefois, si vous avez envie d'épater votre bel informaticien de voisin, voici une petite liste de vocabulaire qui vous permettra d'engager la conversation. À vous d'improviser ensuite...

Quelques termes informatiques liés au courrier électronique

Home (page)	Accueil (page d'accueil)
Draft	Brouillon
To click (on a page)	Cliquer (sur une page)
Web page design	Conception de page web
Cc (to copy someone)	Copie à (envoyer une copie à quelqu'un)
Slide show	Diaporama
Double click	Double cliquer
To save	Enregistrer
To search (the web)	Faire une recherche/rechercher
Attachment	Fichier(s) joint(s)
Icon	Icône
Inbox	Liste des messages / messages reçus
Sent messages/sent mail	Messages envoyés
Password	Mot de passe
Browser	Moteur de recherche
To surf (the net/the web)	Naviguer (sur Internet)

Web page	Page web
To compose	Rédiger/écrire un message
Address book	Répertoire/carnet d'adresses
To reply	Répondre
Network	Réseau
Back	Retour
Search title/category	Rubrique/catégorie de recherche
Server	Serveur
Web site	Site web/site internet
Mouse/keyboard	Souris/clavier
To delete	Supprimer
Forward	Transférer
Webmaster	Webmaster (administrateur de site)
Wifi/wireless/wire free	Wifi/sans fil

Les courriers électroniques

Dans un mail on va pouvoir simplifier encore plus les formules d'ouverture et de clôture. Par exemple, on ne dira pas forcément *Dear* au début (on peut le dire, ce n'est pas une erreur) mais plutôt *Hello* ou *Hi*. Le plus important c'est de vous adapter au type de communication en question (amicale, lettre d'affaires, etc.) et à la personne à qui vous écrivez. Le plus souvent, les mails qui s'enchaînent (réponses aux réponses des réponses...) se simplifient chaque fois de plus en plus (comme en fran-

CHAPITRE 2

çais) jusqu'à ce qu'on se trouve en communication quasi directe avec la personne sans *Dear* ni *Hello*, sans formule de politesse. Nous verrons un exemple de cela un peu plus loin. Mais d'abord quelques points de vocabulaire...

Donner une adresse e-mail ou un site Internet

@ : se dit *at*...

point com : se dit *dot com*

point org : se dit *dot org*

point fr : se dit *dot fr* (*eff arr*)

tout en minuscules : se dit *not in capitals* ou *all in small letters*

_ : se dit *underscore*

trait d'union : se dit *dash*

/ (barre) : se dit *slash*

Pour commencer un mail

Mail impersonnel (mail d'affaires, à une personne inconnue)
Dear Mr./Ms. ..., Hello Mr./Ms. ...

Mail personnel (à des amis, collègues, amoureux...)
Dear..., Hi..., Hello... My dear, My dearest (ami/famille très proche ou amoureux), *Darling* (tout est possible)...

LA COMMUNICATION

Pour terminer

Mail impersonnel (mail d'affaires, à une personne inconnue)

Regards, Kind regards, Warm regards, Thank you, Sincerely...

Mail personnel (à des amis, collègues, amoureux...)

Regards, Kind regards, Warm(est) regards, All the best, Take care, Love, Lots of love, Hugs, Hugs and kisses (là aussi, tout est possible)...

Et maintenant un échange d'e-mails

Le premier mail

Subject : Renting your Bristol house over Christmas this year

Hello Ms. Gardner,

I got your email address from Roy Baker and am writing to you because he mentioned you would be renting out your house in Bristol over the Christmas holidays. I am very interested in renting it this year and would like to know what your terms are, so I can talk it over with my husband.

I will be in London next week and would really like to meet with you and discuss it if that would be possible.

Kind regards

Marianne Ferguson

Vocabulaire

Subject : Objet (du mail).

I got your email address from : J'ai eu votre adresse email par...

I am writing to you because : Je vous écris parce que...

He mentioned you would be renting out your house in Bristol : Il a laissé entendre que vous mettriez en location votre maison à Bristol.

Over the Christmas holidays : À (pour) Noël.

I am very interested in renting it this year : Je suis très intéressée par cette location.

I would like to know what your terms are : Je voudrais savoir quelles sont les conditions.

So I can talk it over with my husband : Pour que j'en parle avec mon mari.

I will be in London next week : Je serai à Londres la semaine prochaine.

And would really like to meet with you and discuss it (*meet with* : usage américain) : Et j'aimerais vous rencontrer pour en parler.

If that would be possible : Si c'était possible.

La réponse

Subject : Re : Renting your Bristol house over Christmas this year

Hello Marianne,

I would love to consider you for my house because Roy spoke very highly of you and said you would not only enjoy the house but would take great care of it. I will be available next week and we could talk about terms then.

Call me when you get in. My home number is (44) 12 123 4567 and my mobile is : (44) 456 5678.

Take care

Fiona Gardner

Vocabulaire

I would love to consider you for my house : Ça me ferait très plaisir de vous choisir pour la location.

Because Roy spoke very highly of you : Parce que Roy a dit le plus grand bien de vous.

And said you would not only enjoy the house but would take great care of it : (En disant que) non seulement la maison vous plairait mais que vous vous en occuperiez très bien.

I will be available next week : Je serai disponible la semaine prochaine.

And we could talk about terms then : Et nous pourrions parler des conditions à ce moment-là.

Call me when you get in : Appelez-moi quand vous arrivez.

La réponse à la réponse

Subject : Re : Re : Renting your Bristol house over Christmas this year
Thanks Fiona,
I will call you. I'll be staying at the Grosvenor.
All the best
Marianne

Vocabulaire

I will call you : Je vous appellerai (c'est sûr).

I'll be staying at the Grosvenor : Je reste à l'hôtel Grosvenor.

La réponse à la réponse à la réponse

Subject : Re : Re : Re : Renting your Bristol house over Christmas this year
Excellent !

I'll see you then.
Fiona

Alors comme on voit...

Au début Marianne se donne beaucoup de peine pour formuler sa lettre. Mais une fois que Fiona a réorienté le ton des échanges vers un registre plus amical, Marianne répond en envoyant un mail plus court où elle se défait de toute politesse artificielle. À la fin, elles communiquent très brièvement (elles omettent même leurs prénoms en ouverture du mail) et ne s'envoient que des détails essentiels. Vous remarquerez aussi qu'on se rabat *très* facilement sur le prénom en anglais. Et il n'y a bien évidemment pas de soucis avec le *vous* non plus !

Le *tchat* et les *blogs*

To chat en anglais veut dire *papoter* et c'est ce que faisaient les gens sur *le tchat* avant que cela ne devienne aussi un outil de travail. En anglais on dira *I'll see you on the chat sometime*, « Je te verrai sur le tchat », même si c'est assez inélégant ; ou alors *Let's chat on the Internet*, « Tchatons sur Internet » ; ou bien on donnera le nom du type de tchat qu'on favorise ; on parlera aussi de *chat rooms* and de *blogs*... On dira *to blog* (de bloguer), *I am a blogger*, « Je suis blogueuse » et *Visit my blog*, « Visitez mon blog. » Et vous ? *Are you a blogger too ?*, « Vous êtes aussi blogueuse ? »

LA COMMUNICATION

DIX FAÇONS DE PASSER POUR UNE *ANGLO* AU TÉLÉPHONE

1. Que dire quand on décroche ?

Hello, Could I speak to/with... ?, Is ... there please ?, Hello, this is Anne-Marie, could I speak to Gabe please ?

2. Puis...

Sure just a second / One moment please... / Let me check, could you hold (please) ? / May I know who's calling ? / Sure, who's calling/speaking please ? / May I say who's calling ?

3. Faites-vous rappeler ou dites que vous rappellerez.

Alan just stepped out, could you call back ? / Can I call back later ? / Could you ask her/him to call me back ? / I'll call back later, do you know when she'll be back ?

4. Échangez des numéros.

Do you have the number ? / Let me give you my cell phone number / This is my number at the hotel / Let me give you my work number... / Could you ask her/him to call me back at this number (please) ? / This is my home number/my number at work...

5. « C'est moi-même ! »

Speaking ... / This is she/he (US) / This is ... (speaking).

6. Laissez ou prenez un message.

Can I leave a message ? / I'm afraid, Fran isn't in right now, can I take a message ? / Harry isn't available, can I give him a message ?

7. Comment se montrer polie au téléphone.

Is this a bad time ? / Sorry to bother you but... / So how are you ? / I hope to speak to you soon... / It was great talking to you !

8. Comprenez bien les messages d'accueil (messagerie).

You have reached Bob and Mary / You have reached 555 1313 / We are unable to come to the phone right now / I can't take your call right now / But please leave us your name and number ; but leave us your name, number and a short/brief message / And we'll return your call shortly / I'll return your call as soon as I can.

9. Laissez votre message.

Hi, I'm Christine / Hello my name is Karin / And I'm calling from... / I was calling about/ I'm calling about / I was trying to get in touch with... / And I was calling because...

10. Apprenez à naviguer dans la messagerie automatique.

You have reached HJ Bank / Welcome to HJ Bank / To open a new account press 1 / Press 2 to leave a personal message / If you wish to reach an extension number, please enter it now / Or press the star sign to return to the main menu.

chapitre 3

Le travail

L'anglais d'une paresseuse au travail...

Vous travaillez souvent avec des anglophones ? Vous *voulez* travailler plus souvent avec eux ? Il y a un type craquant qui se trouve dans le bureau à Londres que vous voulez à tout prix impressionner par vos talents linguistiques ? *No problem*. Ce chapitre est fait pour vous.

Le CV anglo-saxon est-il *sexy* ?

Un CV se dit *resume* en anglais (on prononce *résumé*) et se fait selon des conventions très différentes de celles que nous connaissons en France. Les Français mettent en avant les diplômes et les facs ou écoles prestigieuses où ils ont fait leurs études, les anglophones, eux, préfèrent mettre l'accent sur leur expérience, leur capacité à mener à bien un projet ou une activité (*leadership*) ainsi qu'à s'adapter au changement et aux besoins du marché de l'emploi. Le CV anglais doit donc faire preuve d'une grande créativité et les Anglo-Saxons n'hésitent pas à utiliser toutes les tendances du moment en matière de présentation et de promotion personnelle. Ainsi sauf si vous postulez pour un poste qui exige le copinage (en anglais *connections*, *to be well connected*) le *resume* sera pour vous l'instrument idéal du *self-marketing*, le parfait outil professionnel pour vous vendre *telle que vous êtes* ! Sans conformisme ringard ni individualisme à outrance.

CHAPITRE 3

Quel CV pour vous ?

Première révélation : il existe un CV pour tout un chacun. C'est le côté individualiste et libre du *resume* anglo-saxon. Vous allez découvrir ici plusieurs types de CV, dont le CV classique de la débutante, le CV de la pro dans un domaine bien particulier (ou dans plusieurs domaines), et le CV que vous ferez peut-être un jour si vous décidez d'arrêter de travailler pour voyager, apprendre le yoga et passer quelques mois dans un *outback* australien pour retrouver votre moi intérieur. Le CV anglais vous permettra toujours de réussir à faire de vous le personnage idéal pour le boulot que vous recherchez. Et comment ? En ciblant (*targeting*) votre acheteur potentiel (*the recruiter*) et en faisant la *promotion* de vos talents spécifiques et absolument uniques.

CV classique (*Beginner's resume*)

Il s'agira d'un CV de débutante (*beginner*) où on mettra en avant les diplômes et les stages, les capacités linguistiques et les *hobbies* (loisirs), tout ce qui renseignera le recruteur sur votre personnalité éclatante (par exemple : vous jouez aux échecs ? Alors *vous êtes contemplative et dévouée, parfaite pour la recherche dans une boîte juridique ou alors la CIA* ; vous aimez les sports aquatiques à haut risque ? Alors *vous êtes parfaite pour la vente de logements de luxe dans un pays étranger...*). Mais attention : ce *resume* doit être bref et clair, sans être ennuyeux. Il doit être riche en infos et aussi personnalisé que possible. Faites donc tout (visuellement et dans les détails) pour attirer l'attention de votre lecteur sur *vous* plutôt que sur vos diplômes.

À SAVOIR
Votre CV doit toujours tenir sur une page.
Les détails personnels (mariée ou pas, date de naissance et nationalité) ne doivent pas y figurer sauf si on vous demande votre nationalité pour l'emploi en question.

Commencez toujours par les événements les plus récents en donnant des dates précises.
Commencez par l'expérience professionnelle (même s'il s'agit d'un boulot dont vous n'êtes pas fière) puis aux autres compétences/hobbies à la fin.
Faites très attention à la présentation.

CV du débutant (Beginner's resume)
Curriculum vitae

Fatima Nasri
2, rue des Cailloux
75001 Paris
Tel : (33 1) 44 55 XX XX XX
Email : fatimanasri@sff.fr

EDUCATION

2004-2005	*Special Course in International Finance, CISS, Paris*
2001-2004	*Bachelor's degree in Marketing and Business, University of Paris*
2001	*Baccalaureat / High School diploma*
	Lycée Louise Michel, Paris

INTERNSHIPS

Jan-Apr 2006	*Paid Internship at BFI Banque, Grenoble*
	Development of new financial products
Jul-Dec 2005	*Paid Internships in Marrakesh, London, Paris, Versa Insurance Group.*

CHAPITRE 3

Other skills

Languages :
French : native
Arabic and English : Fully fluent, spoken and written
Spanish, German : Proficient
Hobbies : Chess, jazz dancing, tennis, music (playing the cello)

Vocabulaire

Education : Formation.

Course : Cours/formation.

Bachelor's degree : Licence (aussi appelé BA).

Paid : Rémunéré.

Internship : Stage.

Sales : Vente.

Skills : Compétences.

Native : Langue maternelle.

Fluent : Parlé couramment.

Spoken : Parlé.

Written : Écrit.

Proficient : Bonne maîtrise.

Remarque : Ce CV est très simple ; mais vous pouvez y ajouter des détails sur votre emploi actuel (*currently working as a manager in food outlet/restaurant/store***, « emploi actuel comme gérante d'un fast-food/restaurant/boutique ») que vous mettrez en bas ou en haut selon votre goût et l'importance du boulot ; vous pouvez aussi ouvrir le CV**

par une mention de votre projet de carrière : *Working in a small team-based company specializing in corporate insurance*, « Travailler dans une petite société avec une philosophie de travail d'équipe spécialisée dans les assurances pour sociétés. »

À SAVOIR

Classifieds : les annonces se disent *classifieds* et se trouvent sous la rubrique *Classifieds* ou *Jobs* s'il s'agit de boulots dans le secteur des services. Les mots clés sont : *benefits package* (prestations sociales), *salary and commissions* (salaire et commissions de ventes), *permanent position* (CDI), *temporary position* (CDD), *part-time* (temps partiel) et *full time* (temps plein). Les commissions et autres participations sont importantes car, aux États-Unis par exemple, une serveuse obtiendra le salaire minimum, n'aura pas (forcément) de protection sociale et gagnera sa vie surtout grâce aux pourboires, qui sont souvent généreux étant donné que le service n'est jamais compris.

CV chronologique et fonctionnel

Celui-ci s'adapte davantage aux femmes qui ont de l'expérience dans un ou plusieurs domaines. Si vous êtes restée dans une même filière au cours de votre carrière le CV chronologique est pour vous, si vous avez souvent changé de carrière ou de poste de responsabilité, choisissez le CV fonctionnel.

o Le CV chronologique (*Chronological resume*)

Il s'agit d'un CV où vous allez décrire dans les grandes lignes ce que vous avez fait dans votre carrière si vous êtes du genre à ne pas trop avoir changé d'entreprise ni de type de travail. C'est un moyen excellent pour vous de démontrer votre évolution en tant qu'*avocate associée puis gestionnaire de grands comptes dans une firme internationale* ou *photographe apprentie puis photographe pour différentes agences publicitaires* ou bien *assistante, puis associée et enfin directrice d'une agence immobilière*, en d'autres termes, de montrer que vous êtes passionnée par ce que vous faites et que vous avez évolué au fil des ans. Grâce à ce CV vous allez pouvoir mettre en avant vos compétences, votre capacité à rester fidèle à une seule société/activité, votre dévouement et votre expérience riche de toutes ces années passées dans un seul domaine. Rappelez-vous qu'écrire un CV, c'est avant tout une façon de *vous vendre*.

o **Modèle de CV Chronologique**

Esther Zimmermann
23 rue de la Faille
75012 Paris
Tel : (33 1) 33 41 XX XX XX
Email : ezimmermann@rff.fr

OBJECTIVE

Copywriting and overall image-based communication in international advertising

PROFESSIONAL PROFILE

- o *Dynamic and highly mobile advertising executive with eleven years experience in European and Asian environments*
- o *Driven to initiate new forms of communication as demonstrated by awards won in copywriting and garnering of new business in previous position*
- o *Global and flexible in thinking and action, experienced in working with tight deadlines*
- o *Fully mobile, having already worked in several different cultural and geographical environments.*

LE TRAVAIL

WORK EXPERIENCE AND ACCOMPLISHMENTS

New Accounts Manager, Agence Griner, Paris France *2000-current*

- *Designed and initiated key multilingual campaigns for customers in all areas, increased account portfolio by 40 % ; managed a team of eleven copywriters and creative artists/photographers, customers mainly European and Asian*

Senior Copywriter, Grimm, London *1994-2000*

- *Six years solid experience in copywriting, won two awards for agency*

Assistant copywriter at Nestor Publicis, Paris *1991-1994*
(team of seven)

- *Worked on campaigns in a team of eight creative artists*

EDUCATION

- *MA in Psychology (Thesis : Use of Religious Imagery)* *1993*
  University of Paris
- *BA in Comparative Literature (minor in psychology)* *1991*
  (University of Paris)

OTHER SKILLS

Languages : French, English, Spanish
Photography

Vocabulaire

Copywriting : Copy-writing (écriture de slogans publicitaires).

Overall : Globalement.

Image-based communication : Communication visuelle.

Advertising : Publicité.

Highly mobile advertising executive with eleven years experience : Cadre très mobile dans le domaine publicitaire avec onze ans d'expérience.

Driven to initiate new forms of communication : Motivée par la pratique de nouvelles formes de communication.

As demonstrated by awards won in copywriting and garnering of new business in previous position : Comme démontré par des prix gagnés dans la création de slogan et l'acquisition de nouveaux clients dans le poste précédent...

Global and flexible in thinking and action : Souple et d'un esprit très ouvert (cosmopolite) aussi bien sur le plan personnel que professionnel.

Experienced in working with tight deadlines : Ayant une bonne expérience des délais courts.

Fully mobile, having already worked in several different cultural and geographical environments : Entièrement mobile, ayant travaillé dans différents environnements culturels et géographiques.

Work experience and accomplishments : Expérience professionnelle et réalisations les plus significatives.

New accounts manager : Gestionnaire nouveaux comptes.

Current : Actuel, aujourd'hui.

Designed and initiated key multilingual campaigns : Conception et initiation de campagnes multilingues clés.

For customers in all areas : Pour clients dans tous domaines.

Increased account portfolio : (Ayant) augmenté le portefeuille clients.

Managed a team of eleven copywriters and creative artists/photographers : Ai dirigé une équipe de onze rédacteurs et artistes/photographes.

Won two awards for agency : Ai gagné deux prix pour l'agence.

Worked on : Ai travaillé sur...

Les quatre parties du CV

o L'objectif (où vous dites très clairement ce que vous recherchez dans votre prochain poste).

o Le profil professionnel (pour bien cibler votre recherche en matière de poste de responsabilité).

o L'expérience (bien fournie en détails clés de votre réussite professionnelle).

o La formation (où la nécessité de faire court n'empêche pas Hélène, par exemple, de mentionner le sujet de sa thèse).

Important : vous êtes libre dans le choix du CV mais faites toujours preuve de *self-confidence* (confiance en soi) !

Bien évidemment vous n'êtes pas obligée de suivre dans le détail cette présentation. Votre CV dépendra toujours de votre personnalité, de votre secteur d'activité (un CV juridique sera forcément différent d'un CV d'artiste) et du poste que vous ciblez. Sachez cependant que ce *resume* a plusieurs formes (créative, cosmopolite, conservatrice, etc.) que vous retrouverez sur Internet et parmi lesquelles vous dénicherez certainement votre bonheur. Surtout n'ayez pas peur de vous représenter aussi fidèlement que possible et de personnaliser votre CV grâce à des aides visuelles (italiques, gras, etc.). Soyez précise dans les infos que vous fournissez et claire dans la présentation. Vous pouvez par exemple ne pas mettre de titres du tout (ainsi vous pouvez ouvrir le CV par votre nom et votre profil *sans* donner d'objectif ; ou mentionner votre emploi actuel en ouverture ; mettre en gras les prix que vous avez gagnés, les titres publiés, les clients acquis, etc.). Ou vous pouvez *changer* les titres (*Career Goal* ou *Specialization* à la place de *Objective* ; *Highlights of Professional Accomplishments* ou bien *Success Stories* au lieu de *Work Experience*, etc.). Vous pouvez faire comme vous voulez, l'essentiel étant d'avoir confiance en vous et de vous vendre sans vergogne !

À SAVOIR
Aux États-Unis, on n'indique plus ses coordonnées en haut de la page mais dans un petit encadré tout en bas, où on donne un minimum d'infos biographiques (nom, adresse, etc.), l'idée étant de capter l'attention du recruteur *tout de suite* et par des « slogans » très accrocheurs (votre profil professionnel avec des détails alléchants sur les clients que vous avez chopés, les parts de marché gagnées, et ainsi de suite).

o CV fonctionnel (*Functional resume*)

Dans ce type de CV vous mettrez en avant tous les métiers que vous avez exercés au cours de votre carrière ou alors les postes que vous avez occupés, en faisant un lien *bien sûr* avec le poste que vous recherchez. Ici vous vendrez le *contraire* de ce qu'on a vendu dans le dernier CV. Il s'agira de mettre en avant votre dynamisme, votre capacité d'adaptation. Voyons-en un exemple :

Alexandra Bézier-Brown
24, rue Petite
75002 Paris
Tel : (33 1) 41 52 XX XX XX
Email : abbrown@lla.fr

SPECIALIZATION
Public Relations / International Relocation / BPO / High-level Recruitment

PROFESSIONAL PROFILE

- *Twelve years consulting experience in Business PR, International Relocation/Recruitment*
- *Ten years consulting expertise in PR/Event Management (Europe, US)*
- *PR and Head-Hunting Operations (Europe, Asia)*
- *Solid experience in PR, Event Management (USA, Europe)*

HIGHLIGHTS OF PROFESSIONAL EXPERIENCE AND ACCOMPLISHMENTS

PR and Relocations Consultant *(1998-current)*

- *Conducted major relocation operations for over twelve large clients in Europe and North America in publishing, investment banking, architecture, BPO (Rechter Corp., CFT Informatics, Feeber Gmbh, TYU Bank, Tis Design)*

Director Relocations/Head-Hunting *(1995-1998)*

- *High-level head-hunting and international PR in the publishing, architecture, BPO sectors for Trefle Inc., Paris (clients : Pander House, Merle Corp. Decter, Rechter, Tis Design)*

PR Assistant then Director *(1988-1995)*
(Event Management and Relocation)

- *PR involving event management and relocation management for IBH Representations Inc. New York and London (clients in Asia, Europe and USA) : increased business portfolio by 34 %*

Sales Executive *(1982-1988)*
(High-Profile Commercial Rentals and Leasing)

- *Bristol Real Estate Agency, Paris and London (won awards for highest sales)*

EDUCATION

Master's in Design (University of London)
Bachelors in Commercial Art, Paris

CHAPITRE 3

Languages

English, French, Portuguese, Japanese

Vocabulaire

PR : Relations publiques.

Relocations : Les déménagements de bureaux/de sièges (dans le cadre des délocalisations).

Recruitment : Recrutement.

Head-hunting : Chasseur de tête.

Conducted : Effectué.

For over twelve large clients : Pour plus de douze clients importants.

Publishing : Édition.

Sector : Secteur.

Event management : L'événementiel.

Increased business portfolio : Ai augmenté le portefeuille clients.

High-level/high-profile : De haut niveau, prestigieux.

Commercial rentals/leasing : Location/baux commerciaux.

Real estate agency : Agence immobilière.

Dans ce CV, Alexandra laisse parler ses « faits d'arme » pour elle. Au lieu de donner l'impression qu'elle a trop bougé, elle met en avant le *mouvement* au cours de sa carrière comme preuve de dynamisme. On voit dans son CV qu'elle a bougé et que bien qu'elle ne possède qu'un diplôme dans le *commercial art*, elle a su faire flèche de tout bois pour acquérir un savoir-faire pointu. Si vous êtes comme Alexandra, rassemblez tous les points *vendeurs* de votre carrière/personnalité et mettez-les en forme dans un CV fonctionnel, comme elle. Montrez ainsi que vous êtes une *self-made career-woman* (une femme de carrière autodidacte).

À SAVOIR

Dans le monde anglo-saxon, certains employeurs apprécient beaucoup les tests psychométriques (*psychometric tests*), de la même façon qu'en France on a un certain penchant pour les tests graphologiques. Alors préparez-vous à être scrutée au sujet de vos connaissances par un test à la *big brother* !

L'entretien (*The Interview*)

Quelques exemples types de questions/commentaires

How are you this morning ?	Et comment ça va aujourd'hui ?
Did you have trouble finding the place ?	Vous n'avez pas eu de mal à trouver ?
Have a seat...	Asseyez-vous...
We liked your resume, your qualifications...	Votre CV nous a plu...
We had some questions about your training, your work experience...	Nous avons quelques questions à vous poser sur votre formation/ votre expérience professionnelle.
Could you tell us a little bit about yourself ?	Parlez-nous un peu de vous (de votre vie) !
Where did you work before this ?	Où avez-vous travaillé avant cela ?
Are you currently employed ?	Vous travaillez actuellement ?
What did you do in your previous job/position ?	Que faisiez-vous dans votre travail/poste précédent ?

What do you do in your current position ?	Que faites-vous dans votre poste actuel ?
Why are you interested in changing (jobs, companies) ?	Pourquoi voulez-vous changer (de travail, de société) ?
Why our company ? Why this position ?	Pourquoi notre société ? Pourquoi ce poste ?
What about this job interests you ?	Qu'est-ce qui vous intéresse dans ce poste ?
Could you tell us what you would do if you were marketing manager ?	Vous pouvez nous dire ce que vous feriez si vous étiez directrice marketing ?
How did you find out about us ? about this company ? this job opening ?	Comment avez-vous trouvé notre société/ce poste à pourvoir ?
Would you be interested in working here ? Why ?	Cela vous intéresserait de travailler ici ? Pourquoi ?
When would you be willing to start ? When can you start ?	Quand seriez-vous d'accord pour commencer ? Quand pouvez-vous commencer ?
What are your expectations (in terms of income) ?	Quelles sont vos prétentions (en matière de revenus/salaire) ?
Are you familiar with our income and benefits package ?	Connaissez-vous notre système de salaires et de prestations sociales ?
Would you be willing to work part-time ?	Seriez-vous d'accord pour travailler à temps partiel ?
Would you be willing to move for your job ?	Seriez-vous d'accord pour déménager pour votre travail ?

LE TRAVAIL

À SAVOIR

Benefits package : le monde anglo-saxon (à la différence des pays scandinaves et du Canada par exemple) ne veut rien entendre au sujet des systèmes d'assurance maladie *étatisés*. Alors renseignez-vous sur ce qui sera couvert par votre employeur (les dents et la grossesse : *dental and maternity plan*, c'est important !)...

Au téléphone encore...

Et oui, nous y re-voilà ! Car après tout, vous serez d'accord avec le fait que le téléphone au *boulot* n'a rien à voir avec le téléphone chez vous. Vous allez donc *très brièvement* reprendre le combiné pour voir comment on fait quand on a un bel anglophone au bout de la ligne, mais attention !, pour le *boulot* cette-fois.

PARLONS UN PEU !

Avec le beau Gavin, qui s'occupe de la compta à Sydney...

Une grosse entreprise (le standard)

Gamma Corporation, good morning/good afternoon/good evening ?	Entreprise Gamma, bonjour/bonsoir...
Gamma Corporation, good morning, how may I help you ?	Entreprise Gamma, bonjour, en quoi puis-je vous être utile ?
Gamma Corporation, good afternoon, may I help you ?	Entreprise Gamma, bonjour, en quoi puis-je vous être utile ?
Gamma Corporation, good evening, how may I direct your call ?	Entreprise Gamma, bonsoir... * Littéralement : vers quel poste puis-je vous diriger ?

Gamma Corporation can I help you ?	Entreprise Gamma, en quoi puis-je vous être utile ?

À SAVOIR

Good morning : dans le monde du travail, il est *bon* de dire *good morning*, *good afternoon* (pour l'après-midi) et *good evening* (pour le soir), ça fait plus pro. À vous de montrer si vous êtes plutôt du genre décontractée ou stricte (en disant *hello* ou *good morning*).

Présentez-vous *toujours* et *d'abord*

Hello, this is (votre nom) *calling from* (votre société)	Bonjour c'est… à l'appareil et j'appelle de…
Yes hello my name is… and I'm calling from …	Oui bonjour, je m'appelle… et j'appelle de…
Hello good morning/afternoon/evening, I'm… from …	Alo, bonjour je suis… de…

Ou alors ne vous présentez *pas* mais demandez tout de suite la personne (*Yes hello, could I speak to Ann Meyer in Procurement please ?*, « Oui bonjour, pourrais-je parler à Anne Meyer au service achats, s'il vous plaît ? ») mais ça fera moins professionnel.

Demander quelqu'un

Could I speak to/with…	Pourrais-je parler à…
I'd like to speak to/with…	Je voudrais parler à…
I'd like to get in touch with…	Je voudrais contacter/joindre…

I'm trying to reach, get in touch with...	J'essaie de joindre...
Could you put me through to...	Pourriez-vous me connecter à...
Yes, (le nom de la personne) please...	Oui monsieur/madame... s'il vous plaît

Si vous appelez dans une petite entreprise, demandez *d'abord* à qui vous parlez

Hello, this is... who am I speaking to/with please ?	Oui bonjour, c'est... à l'appareil, et vous êtes ?
Hello, this is... may I know who I'm speaking with/to please ?	Oui bonjour, c'est... à l'appareil, je peux savoir à qui je parle, s'il vous plaît ?

Remarque : Ne vous inquiétez pas, même si cela vous paraît bizarre, en anglais ça fait très pro !

Une fois que votre premier interlocuteur vous aura donné son nom (*This is Andrea...*) vous pourrez dire

Hello, Andrea I'm trying to reach Gavin Taylor in Accounting (please)...	Bonjour Andrea j'essaie de joindre Gavin Taylor au service compta (s'il vous plaît)...

Si vous passez par un standard on pourra vous dire

Just a/one moment please...	Un instant, s'il vous plaît ...
Hold please...	Ne quittez pas, s'il vous plaît ...
Could you hold on please ?	Vous pouvez patienter, s'il vous plaît ?
Un moment please...	Un instant, s'il vous plaît ...

Ou alors

Who should I say is calling please ?	C'est de la part de qui, s'il vous plaît ?
Who may I say is calling ?	C'est de la part de qui, s'il vous plaît ?
May I know who's calling please ?	C'est de la part de qui, s'il vous plaît ?

Puis on vous passera votre interlocuteur final ou alors on vous dira

I'm sorry, Mr. Taylor doesn't seem to be responding...	Je suis désolée mais M. Taylor ne répond pas...
I'm sorry, Mr. Taylor is in a meeting (at the moment/right now)...	Je suis désolée mais Mr. Taylor est en réunion (pour le moment)...
I'm sorry, Mr. Taylor doesn't seem to be at his desk at the moment/right now...	Je suis désolée mais M. Taylor s'est absenté momentanément...
Mr. Taylor seems to be away from his desk at the moment...	M. Taylor semble s'être absenté pour le moment...

Ensuite on vous demandera

Would you like to leave a message ?	Vous voulez lui laisser un message ?
Can I take a message ?	Je peux prendre un message ?
Could you try again later please ?	Vous pouvez essayer plus tard ?
Would you like him to call you back ?	Voulez-vous qu'il vous rappelle ?

Puis

Does he have your number ?	Il a vos coordonnées ?
Does he know how/where to reach you ?	Il sait comment/où vous joindre ?

Ou alors

To leave a message for Gavin Taylor...	Pour laisser un message pour Gavin Taylor...
... please leave your name number and brief message after the tone...	... veuillez parler après le bip sonore...
... or press the pound sign to return to the front desk/to the main menu...	... ou appuyez sur la touche dièse pour revenir au standard/au menu principal...

CHAPITRE 3

Une fois que vous avez laissé votre message

If you are satisfied with this message (please) press 1...	Si vous êtes satisfait de ce message, faites le 1...
To re-record your message (please) press 2...	Pour réenregistrer votre message, faites le 2...
Thank you for calling (suivi éventuellement du nom de la société) !	Merci de votre appel et à bientôt !

À vous maintenant de laisser votre message

Hello (Gavin), this is Lydie Chapelet from Nexus Systems and I was calling about...	Bonjour (Gavin), je suis Lydie Chapelet de la société Nexus Systems et j'appelais à propos de...
Yes, hello Gavin, this is Lydie, please call me back as soon as possible at (numéro)...	Oui, bonjour Gavin, c'est Lydie à l'appareil, veuillez me rappeler au (numéro)...
Hello my name is Lydie Chapelet and I'm calling from... Please call me back at...	Bonjour je m'appelle Lydie Chapelet et je vous appelle de...

LA GRAMMAIRE DES PARESSEUSES

L'impératif et le *present perfect* : les verbes à *l'impératif* se conjuguent de la même façon qu'au présent de l'indicatif : *Call me tomorrow*, « Appelle/appelez-moi demain » ; *Please call me at this number*, « Appelez-moi à ce numéro, s'il vous plaît ». Le *present perfect* est un temps qui n'a pas d'équivalent en français : *You have reached Gavin Taylor*, « Vous êtes bien chez (vous avez joint) Gavin Taylor », *I have been to Paris before*, « Je suis déjà venu à Paris. » Il s'agit d'une action ponctuelle (sans durée) qui a eu lieu dans un passé indéfini ou récent (dans le premier exemple l'action est récente, dans le deuxième le passé est indéfini).

Les courriels et lettres professionnels

Les courriels (e-mails)

Soyez *précise* dans l'intitulé de l'objet de votre courriel (en anglais *subject*), comme ici : *Subject : Missing purchase orders* (les bons de commande manquants).

Commencez par un simple *Dear...* ou *Hello...* en appelant la personne par son prénom ou son nom de famille selon le niveau de familiarité que vous avez avec elle. N'hésitez pas à être plus chaleureuse que vous ne le seriez en français. Le côté décontracté est *très* apprécié en anglais. Vous pouvez donc écrire *Hello Jane* ou *Dear Ms. Reiner*, mais aussi tout simplement *Jane* (sans *Dear* ni *Hello*).

ENVOYONS UN MAIL !

Un exemple de courriel bien tourné (parce que efficace !) :

Hello Jane,/Dear Jane,
Thank you for your response regarding the missing purchase orders but we find we are still unable to tally our figures with those you have sent us. Please send us copies of your paperwork so we can go through our original documents and compare the data.
Thanks (ou Thank you)
Regards
Amina

Remarque : Si vous écrivez à *Jane* et que vous la connaissez bien, vous pouvez dire *Thanks* au lieu de *Thank you*... Et laisser tomber le *Regards*.

CHAPITRE 3

Vocabulaire

Thank you for your response : Merci de votre réponse.

Regarding the missing purchase orders : Concernant les bons de commande manquants.

But we find : Mais nous nous rendons compte que (trouvons que)...

We are still unable to tally our figures : Nous n'arrivons toujours pas à solder (finaliser) nos chiffres.

With those you have sent us : Avec ceux que vous nous avez envoyés.

Please send us copies of your paperwork : Veuillez nous envoyer des copies de vos documents.

So we can go through our original documents and compare the data : Pour que nous puissions examiner nos documents originels et comparer les données.

ENVOYONS UN AUTRE MAIL !
Cette-fois ci, on va faire très court (genre super efficace) :

Jane,
We haven't got your documents yet, do you know if they've been sent ? If not, could you send them asap ?
Tx
Amina

Vocabulaire

We haven't got your documents yet : Nous n'avons toujours pas reçu les docs.

Do you know if they've been sent ? : Sais-tu s'ils ont été envoyés ?

Could you send them asap : Peux-tu les envoyer dès que possible (*asap* : *as soon as possible*) ?

Tx : merci (*tx* : *Thanks*).

Constructions types pour les courriels

Get back to me pls, tx.	Répondez-moi, s'il vous plaît, merci.
Hope to hear from you soon, tx.	J'espère avoir une réponse rapide, merci.
FYI : new Pres in Sales dept, will keep you posted.	Pour ton info : nouveau directeur du service commercial, t'en dirai +
Hello Heinrich, could you send me the list of leads ? Tx, rgds, Peter.	Bonjour Heinrich, tu peux m'envoyer la liste des clients, merci, cordialement, Peter.

À SAVOIR

L'anglais des courriels comporte une foule de petits raccourcis qu'on utilise couramment : *No.* (GB, pour *number* ou numéro), *#* (US, pour numéro), *Tx* (*thanks* ou merci), *asap/ASAP* (*as soon as possible*, « dès que possible »), *FYI* (*for your information*, « pour ton info »), *PO* (*purchase order*, « bon de commande »), *rgds* (*regards*), *Pls* (*please*), *re* (*regarding*, « concernant »), *btw* (*by the way*, « au fait ») ; sans compter les autres abréviations liées au travail : *VP* (*Vice President*), *Mkg* (*marketing*), *Dept.* (*department*, « service »), *Mgr* (*Manager*), *Acc.* (*accounting*, « compta »), *IT* (*information technology*, « informatique »), *Div.* (*division*, « service »).

CHAPITRE 3

Les lettres professionnelles

Les anglophones n'aiment pas les lettres manuscrites (elles n'ont aucune valeur juridique, elles ne font qu'exposer votre manque de professionalisme). Alors, que ce soit une lettre de candidature, de motivation ou autre, envoyez toujours une lettre dactylographiée.

Pour commencer une lettre

Pour les lettres, on suivra les règles indiquées dans le chapitre précédent, mais n'oubliez pas qu'il s'agit d'un courrier professionnel, indiquez toujours *l'objet de la lettre* au tout début sous la rubrique *Re :* ou *Ref :*

Format US

Votre adresse

L'adresse du/de la destinataire

La date

Re : Application for the position of Accounts Manager, CGS Bank, London Branch (Objet : Lettre de candidature pour le poste de Directeur de la Comptabilité, CGS Bank, Agence de Londres)

Format GB

Votre adresse		L'adresse du/de la destinataire
La date	ou	La date

Re : Application for the position of Accounts Manager, CGS Bank, London Branch (Objet : Lettre de candidature pour le poste de Directeur de la Comptabilité, CGS Bank, Agence de Londres)

La lettre se présente ensuite de la même façon : vous commencerez par *Dear Mr. Taylor* ou bien *Dear Sir* (si vous savez que c'est un homme mais ne connaissez pas son nom) ou *Dear Ms. Shanks* ou bien *Dear Madam* s'il s'agit d'une femme (dont le nom vous est inconnu). Si vous ne savez pas si c'est un homme ou une femme, vous pourrez mettre *Dear Sir / Madam* ou *Dear Sir or Madam*.

Pour les mailings, vous mettrez *Dear Customers* (Chers clients/membres) ; et pour dire À qui de droit *To whom it may concern*.

Dear Mr. Ferdinand,

I am writing to apply for the position of Junior Manager Accounts in your London Branch, (etc.)

Dear Sir,

I am writing to apply for the position...

Dear Sir / Madam,

I am writing...

Pour clore la lettre :

Thank you,

Sincerely,

(en laissant un espace pour votre signature)

Amina Ben Jaloun (votre nom tapé pour une lisibilité parfaite)

Souvenez-vous que vous pouvez aussi dire *Yours sincerely* (aux US on dira seulement *Sincerely*) ou bien *Yours truly*, *Yours faithfully*... À vous de choisir mais sachez que *Sincerely* passe vraiment partout.

Lettre de motivation

Dans la lettre de motivation, ne soyez pas trop polie. N'oubliez pas que la lettre de motivation en anglais doit être *vendeuse*. Surtout, soyez brève et claire (*short and to the point*), les anglophones apprécient cela. Personnalisez la lettre (qui ne devra jamais faire plus d'une page), arrangez-vous pour qu'elle soit bien ciblée (*targeted*) et qu'elle reflète votre débordante confiance en vous (*brimming with self-confidence*) : les anglophones n'ont pas peur de répéter les phrases qui commencent par *I* (*je*), oubliez vos préjugés bien français, gardez à l'esprit qu'il s'agit de *vous* vendre, et qu'une certaine « aggressivité » est de mise. La lettre de motivation doit montrer que vous êtes non seulement la meilleure pour le boulot, mais que vous le voulez *plus* que les autres. Et bien sûr, faites le lien avec votre CV joint.

Quelques mots clés…

I am writing to you (to, about, in reference to)…	Je me permets de vous écrire (pour, à propos de, en réponse à)…
To apply (for) …	Pour postuler…
For the position of…	Pour le poste de…
As indicated in your advertisement…	Comme indiqué dans l'annonce…
Re :	Objet :
I am writing with regard to, with reference to…	J'écris à propos de…
I am…, I am currently employed in/by… My current position involves…	Je suis…, je travaille actuellement comme, mon poste actuel concerne le…

I have worked in/as...	J'ai travaillé dans/comme...
I am available for interviews...	Je suis disponible pour un entretien...
I enclose (my resume), Please find my resume enclosed...	Veuillez trouver ci-joint (mon CV)...
I am sending (my resume) as an attachment...	Je vous envoie (mon CV) en pièce jointe...
Thank you...	Je vous remercie d'avance...
I look forward to hearing from you soon...	Dans l'attente d'une réponse de votre part...
Sincerely, Yours faithfully etc...	Salutations, etc.

ENVOYONS UNE LETTRE DE MOTIVATION !

Pour les références du type date, coordonnées, destinataire, etc., reportez-vous aux paragraphes précédents

Dear Mr. Gass,
I wish to apply for the position of Sales Manager (IT Division) as advertized by you in Toronto Daily (Ref. No. FG 456), for which I enclose my resume.
I am a French citizen and have worked as a Senior Sales Executive in the IT sector for seven years now (please find the details on my resume). I have worked with an American company and a French company, so am fluent in English and have solid experience in sales in the French and European market.
In my current position, I have developed and consolidated sales in the regions of Paris, Northern France and the Benelux, covering both distributors and resellers. Before this I managed a team of four sales-people in the Lille office of Betel International where overall sales expanded to over 30 % of market share under my supervision. I am accustomed to working with aggressive forecasts and incentive-based sales. Indeed, I would define myself as dynamic and adventurous and believe it is time for me to move to a company like yours so I can enter a more global environment and develop my business skills further.

I hope my qualifications and experience meet with your approval. I am currently available for interviews and will travel to Toronto if necessary.
I look forward to hearing from you soon.
Yours faithfully,
Amandine Lapeyre.

....

Vocabulaire

I wish to apply for : Je voudrais postuler pour...

As advertized in (GB : advertised) : Comme indiqué dans l'annonce.

For which I enclose : Pour lequel j'envoie ci-joint...

I have worked as : J'ai travaillé comme...

Please find the details on my resume : Veuillez trouver les détails dans mon CV.

In my current position : Dans mon poste actuel.

Sales : Ventes.

Covering both distributors and resellers : Couvrant les grossistes et les revendeurs.

Before this I managed a team : Avant cela, j'ai géré une équipe.

Where overall sales expanded to over 30 % of market share under my supervision : Où sous ma gestion, les ventes globales ont augmenté de 30 % de parts de marché.

I am accustomed to working with aggressive forecasts and incentive-based sales : J'ai l'habitude de prévisions ambitieuses et de rémunération au pourcentage des ventes.

Indeed : En effet.

I would define myself as dynamic and adventurous and believe it is time for me to move to a company like yours : Je dirais que je suis dynamique et déterminée, et je pense qu'il est temps que je travaille dans une société comme la vôtre.

So I can enter a more global environment and develop my business skills further : Pour que je puisse rentrer dans un environnement plus international et développer davantage mes compétences commerciales.

LA GRAMMAIRE DES PARESSEUSES
En anglais, on emploie **that** comme on dit **que** en français, mais on peut parfois l'omettre dans une phrase : I hope (**that**) my qualifications & experience meet up your approval, « j'espère **que** mes qualifications et mon expérience sont conformes à vos attentes » ; she said (**that**) she got the job, « elle a dit qu'elle avait eu le boulot ».

Parler devant un public...

Votre travail exige que vous fassiez des rapports réguliers devant un public anglophone ? Vous devez de temps en temps parler des nouvelles tendances du marché français avec vos patrons allemands ? Ici nous allons voir tout ce qui s'applique aux conférences ou discours en anglais.

CHAPITRE 3

Un exemple de rapports sur les ventes (*sales presentation*)...

Pour commencer

Hello/good morning/good afternoon/good evening everyone !	Bonjour/bonsoir à tous !
Hello/good morning/good afternoon/good evening ladies and gentlemen !	Bonjour/bonsoir, mesdames et messieurs !
Ladies and Gentlemen, Good morning/afternoon/evening !	Mesdames et messieurs, bonjour/bonsoir !

Ensuite

Thank you, thanks (for giving me the floor)...	Merci (de m'avoir donné la parole)...
Thanks for coming here today !	Merci d'être venus aujourd'hui...
Thank you for coming/attending* in such large numbers !	Merci d'être venus (assister) si nombreux...
Let me begin my presentation (by), I'd like to begin by (saying/thanking)...	Je vais commencer ma présentation (en) / Je voudrais commencer en (disant/remerciant)...

* *To attend something* : assister à ; *to attend **to** someone/something* : s'occuper de.

Puis les données

Our/my presentation has three parts...	Notre/ma présentation a trois parties...
I'm going to present...	Je vais vous présenter...
I have some slides/graphics that will show...	J'ai quelques diapos/graphiques qui montreront...
This is the data, here's some data collated by our department, my team (thanks)...	Voici les/quelques données collectées par notre service, mon équipe (merci à l'équipe)...
These are the figures for (the first quarter, for last year)...	Voici les chiffres (pour le premier trimestre, pour l'année passée)...
Let me guide you, take you through the data here...	Je vais vous guider à travers ces données...
In conclusion...	En conclusion...

Quelques mots au sujet du matériel

Can you all hear me ? Can everyone see the slides ? I hope everyone can see the slides...	Vous m'entendez correctement ? Tout le monde peut voir les diapos ? J'espère que tout le monde peut voir les diapos...
Next slide please...	Diapo suivante, s'il vous plaît...
Can I have the pointer please ?	Je peux avoir le pointeur, s'il vous plaît ?
Thank you...	Merci de votre attention !
If you have any questions I'd be happy to answer them...	Si vous avez des questions je serai ravie de répondre...
There's someone in the back (who wants to ask a question)...	Il y a quelqu'un au fond de la salle (qui veut poser une question)

There's a microphone (mic) if you need to ask questions...	Il y a un micro si vous avez besoin de poser des questions...
Please introduce yourself before asking a question...	Présentez-vous, s'il vous plaît, avant de poser votre question...
Quelques phrases pour détendre l'atmosphère... *You're all invited to lunch, to a cocktail... You're all invited to a gala event that will be held at the end of the symposium !*	Vous êtes tous conviés à déjeuner, à un cocktail... Vous êtes tous conviés à la soirée de gala qui aura lieu après le colloque !
Please proceed to lunch, to the cocktail...	Je pense qu'on peut aller déjeuner, se rendre au cocktail maintenant...
Have a good evening ! Bon appétit ! Enjoy your lunch !	Je vous souhaite une agréable soirée ! Je vous souhaite bon appétit pour le déjeuner !

Un discours plus strict

Good evening ladies and gentlemen...	Bonsoir, mesdames et messieurs...
Your excellency Mr. Ambassador, Fellow delegates, Ladies and gentlemen...	Son excellence, Monsieur l'ambassadeur, monsieurs et mesdames les délégués, mesdames et messieurs...
It is my honor to...	C'est un honneur pour moi de...
I would like to thank...	Permettez-moi de remercier...
Let me say, let me start (by saying...)...	Permettez-moi de dire, de commencer (en disant...)...
I speak on behalf of...	Je m'exprime au nom de...
I would like to express my joy...	Je voudrais exprimer ma joie...

I would like to pay homage to/to pay tribute to...	Je voudrais rendre hommage à...
Thank you all, thank you again...	Je vous remercie tous, je vous remercie encore une fois...

À SAVOIR

Pour vous fondre dans le monde des *Yuppies* (jeunes cadres dynamiques), voici quelques phrases à connaître qui font partie de leur jargon : *Let's do lunch*, « Déjeunons ensemble un de ces jours » ; *I'll have my people call your people*, « Je demanderai à mes assistants d'appeler vos assistants » ; *Let's have a working lunch*, « Prenons un déjeuner de travail » (vous savez, ce genre de déjeuner très amusant où on continue à travailler pendant le déjeuner...). Un ou deux mots encore sur la mode au travail : un tailleur, c'est *a (business) suit*, un tailleur-pantalon c'est un *pant suit*... N'oubliez pas de chausser vos *pumps* (chaussures à talons), et vous serez fin prêtes !

DIX FAÇONS D'ÊTRE SUPER PRO EN ANGLAIS

1. Créez un CV *sexy* si vous êtes débutante.

Le CV doit tenir sur une seule page. Commencez par le plus récent dans votre cursus professionnel. N'hésitez pas à utiliser les caractères en gras et italique.

2. Ou un CV musclé (fonctionnel/chronologique) si vous avez de l'expérience.

Qui tient aussi sur une page, qui est vendeur, adapté à votre carrière et personnalité, bien ciblé, qui fait du *self-marketing*, chronologique si vous n'avez pas changé de carrière, fonctionnel si oui, mots clés : *Objective, Professional profile, Work experience and Accomplishments, Highlights of Professional Experience and Accomplishments, Career Highlights, Education, Languages, Special Interests, Hobbies, Solid/Ten years experience in/with..., 2000- current...*

3. Préparez l'entretien (connaissez les questions-types).

How are you this morning ?, We liked your resume/your qualifications... / We had some questions about your training/your work experience... / Could you tell us a little bit about yourself ? / What did you do in your previous job/position ? / What do you do in your current position ? / What about this job interests you ? / Could you tell us what you would do if you were marketing manager ? / When would you be willing to start ? / When can you start ? / What are your expectations (in terms of income) ? / Are you familiar with our income and benefits package ?

4. Soyez pro au téléphone.

Gamma Corp. how may I help you ? / Just a moment please, Mr. Taylor is away from his desk at the moment... / Yes, hello, my name is Lydie Chapelet and I'm trying to reach Gavin Taylor in Accounting please ? / Yes, Gavin Taylor please, this is Lydie Chapelet from Nexus Systems, France... / Hello, this is Lydie Chapelet calling from Nexus Systems, Who am I speaking to please ? / To leave a message for Gavin Taylor... Please leave your name number and brief message after the tone... If you are satisfied with this message (please) press 1... / Thank you for calling (nom de la société) / Hello (Gavin), this is Lydie Chapelet from Nexus Systems and I was calling about... / Yes, hello Gavin, this is Lydie, please call me back as soon as possible at (numéro)...

5. Sachez rédiger les courriels.

Être claire et brève, utiliser les abréviations pour être pro (*Pls, rds, Tx, asap, FYI*), ouvrir par Hello Jane, ou tout simplement Jane...

Subject : Missing Purchase Orders,

Get back to me pls, tx, FYI : new Pres in Sales dept, will keep you posted.

6. Écrivez de belles lettres.

Sincerely ; Yours faithfully. N'envoyez jamais de courriers écrits à la main, ils doivent toujours être dactylographiés. *Dear Sir or Madam ; To Whom It May Concern ; Dear customers ; Dear Members...* Formats US/GB.

7. Ciblez votre lettre de motivation.

I am writing to you (about.../in reference to...) / To apply (for) / For the position of / As indicated in your advertisement / I am writing with regard to/with reference to / I have worked in/as / Re :... / I enclose (my resume) / Please find my resume enclosed / I am sending (my resume) as an attachment / I look forward to hearing from you soon / Sincerely ; Yours faithfully ; etc.

8. Quelques mots clés.

Procurement ; office ; figures expenses ; expenditures, billing/invoicing ; office (space) rental ; stapler ; desk ; cartridge ; envelope ; office supplies/stationery ; overhead projector/slide projector ; workstation ; marker ; fax machine ; temporary position ; permanent position ; project manager ; board of directors ; boss/manager ; president ; CEO/chairman ; department (dept.)/division (div.) ; receptionist.

9. Soyez pro dans un salon professionnel.

Vous présenter, savoir demander le nom de quelqu'un, exposer un produit...
Good morning can I help you ? / I am interested in this product, can you tell me more

about it ? / Sure, can I ask where you are from ? / My name is Karin / So let me just give you a quick introduction to the product here / May I ask you your name (sir) ? / And you are from which company ? / What information can I give you today ?

10. Parlez avec confiance devant un public.

Good morning everyone ! / Ladies and Gentlemen, Good evening ! / Thank you/thanks (for giving me the floor) / Thank you for coming/attending in such large numbers ! / Let me begin my presentation by... / I'd like to begin by saying... / Our/my presentation has three parts / This is the data /here's some data collated by our department/my team (thanks) / These are the figures for the last quarter / Your excellency Mr. Ambassador /Fellow delegates / Ladies and gentlemen, I would like to thank... / I speak on behalf of... / In conclusion / Thank you all/thank you again.

chapitre 4

Les sorties

Ce soir, on sort !

Après avoir lu le chapitre sur le boulot, une bonne paresseuse qui se respecte ira au dodo... Non ? Vous n'êtes pas d'accord ? Vous préférez aller explorer le monde de la nuit pour vous remettre d'une journée harassante de travail ? Alors partons à la rencontre des bons restos, des salles de ciné, de théâtre et de tout ce que nous offre une ville la nuit ! Parce que dîner entre copines, aller à l'opéra avec un bel étranger, sortir en boîte de nuit avec qui on veut : voilà le vrai savoir-vivre d'une paresseuse, et faire toutes ces choses en anglais rendra tout ça tellement plus piquant !

À SAVOIR

Il y a plusieurs expressions en anglais pour parler des sorties : *To go out*, « sortir » ; *let's go out tonight !*, « sortons ce soir ! » ; *to go out on the town*, « sortir, aller en ville » ; *to paint the town red*, « passer une soirée folle » (littéralement « peindre la ville en rouge » !), *I'm stepping out*, « je sors ce soir » ; *I'm a real night owl*, « je suis un vrai oiseau de nuit » ; *a party animal*, « une fêtarde », *girls' night out* « soirée filles ».

Au restaurant

Commander correctement

Vous êtes au resto à Édimbourg, à Nairobi ou à Athènes ; vous voulez demander un truc exotique sans être obligée de manger des tripes ou des testicules de taureau... Pas de souci. Ici vous allez voir non seulement comment on commande mais surtout comment on fait pour se renseigner avant !

CHAPITRE 4

À SAVOIR

Lorsqu'on va au restaurant, on dit : *to eat out,* « manger dehors », *to order out*, « commander à emporter/à livrer », *to eat at a restaurant*, « manger au restaurant ».

Quelques mots typiquement américains liés au premier loisir national, MANGER : *hamburger/hot dog stand* (stand mobile où on vend des hamburgers/hot dogs), *pizza place* (pizzeria), *deli* (delicatessen), *student cafeteria* (resto universitaire), *coffee shop* (café), *food court* (partie restauration d'un centre commercial), *take-out place* (resto qui ne fait qu'à emporter), *delivery place* (qui ne fait que livrer), *truck stop* (restos pour routiers)...

La table et la carte

Attention, la carte se dit *menu* (prononcé *maine-you*) et elle ne propose pas forcément de « formules » comme en France (même si ça devient très à la mode outre-Atlantique et outre-Manche et se dit *fixed price menu*).

Pour demander une table

Hi do you have a table for six (please) ?	Vous auriez une table pour six (s'il vous plaît) ?
Hi, a table for two please ?	Une table pour deux s'il vous plaît ?
Um, hi, do you have a table for four ? Non-smoking ?	Vous avez une table pour quatre ? En non-fumeur ?

On veut manger / boire un verre

Can we have a drink ?	On peut boire un verre ?
We'd like to have a drink if that's possible ?	On voudrait boire un verre, s'il vous plaît ?
Can we just have a drink please ?	On peut juste boire un verre ?
We'd like to eat if that's possible ?	On voudrait manger, s'il vous plaît ?
Can we get a table for lunch ? for dinner ? just for a drink ?	On peut avoir une table pour déjeuner ? Pour dîner ? juste pour boire un verre ?
Is it still possible to have lunch ?	C'est encore possible de déjeuner ?
Are you still serving lunch ? dinner ?	Vous servez encore le déjeuner ? le dîner ?

Demander la carte

Can we have the menus please ?	On peut avoir la carte, s'il vous plaît ?
Can I have a look at the menu please ?	Je peux regarder la carte, s'il vous plaît ?
Can you bring us the menus please ?	Vous pouvez nous apporter la carte, s'il vous plaît ?

La carte des vins

Can I see the wine list ?	Je peux voir la carte des vins ?
Is there a wine list ?	Il y a une carte des vins ?
Do you have a wine list ?	Vous avez une carte des vins ?

PARLONS UN PEU !

Vous êtes dans un *steakhouse* à Pensacola (en Floride) avec les copines... Vous entrez et trouvez un panneau sur lequel est précisé : PLEASE WAIT TO BE SEATED, "ATTENDEZ POUR ÊTRE PLACÉS".
Vous voyez une hôtesse... Vous allez la voir.

Vous : *Hi, a table for three please ?*
L'hôtesse : *Sure ! Is that for drinks ? Or dinner ?*
Vous : *Um... dinner please...*
L'hôtesse : *O.K. ! If you'll follow me...*
(Vous allez à une table.)
L'hôtesse : *This table ok for you ?*
Vous : *Fine thanks, um, can we order something to drink please ?*
L'hôtesse : *Your waiter will be right with you, Ma'am...*
(Arrive le serveur.)
Serveur : *Hi, my name is Juan and I'll be your waiter today...*
Vous : *Hi... um can we get something to drink first ?*
Serveur : *Sure, let me get you some menus...*

Vocabulaire

Is that for drinks ? or dinner ? : C'est pour boire un verre ? ou dîner ?

If you'll follow me : Si vous voulez bien me suivre...

This table ok for you ? : Cette table vous convient ?

Can we order something to drink ? : On peut commander à boire ?

Your waiter will be right with you, Ma'am : Votre serveur va venir tout de suite, madame.

I'll be your waiter today : Je serai votre serveur ce soir [1].

Can we get something to drink first? : On peut commander à boire d'abord ?

Let me get you some menus : Je vais vous apporter des cartes.

À SAVOIR

Aux États-Unis et au Royaume-Uni les chaînes de restauration (style brasserie appelées *steakhouses*) ont largement remplacé les petits restos d'autrefois. La cuisine y est standardisée, est généralement à base de viande, de poulet et de poisson (grillades), les salles sont grandes, les plats copieux et les boissons remplies de glaçons.

Pour poser des questions sur ce qu'on mange

I had a question about the appetizer, the main course, the dessert (please)...	J'aurais une question concernant l'entrée, le plat de résistance, le dessert, s'il vous plaît...
Can you tell me what comes with that?	Vous pouvez nous dire ce qu'il y a en accompagnement (de ce plat) ?
Is there anything that comes with that?	Il y a un accompagnement avec cela ?

---

1. Aux États-Unis on a aujourd'hui l'étrange habitude d'ajouter *today* ou *this evening* à la fin d'une question, surtout au restaurant : *Hi, I'll be your waiter **this evening***, « Bonjour, je serai votre serveur, ce soir » ; *Can I get you something from the bar **today** ?*, « Je peux vous servir un apéritif aujourd'hui ? » L'origine exacte de cet ajout reste mystérieux ; probablement a-t-il tout simplement été *inventé* par l'industrie américaine de la restauration... qui n'est jamais à court d'idées pour trouver le mot « vendeur » ! C'est d'ailleurs le cas de tout le secteur des « services »...

Does that come with anything? with rice? with fries? with a salad?	C'est servi avec quelque chose ? avec du riz ? avec des frites ? une salade ?

PARLONS UN PEU !

Votre bel ami Dave (vous vous souvenez bien sûr de ce sympathique Américain du premier chapitre ?) vous appelle quand vous êtes à New York. Il vous emmène dans un *deli*...

Dave : *Excuse me, could we order please ?*
Serveuse : *Just a minute sir, be right with you...*
Dave : *Can we at least have some menus ?*
Serveuse : *Just a minute...*
(Elle part avec un regard impatient sur le visage ; enfin elle arrive avec des cartes.)
Dave : *Thanks...*
Serveuse : *So what'll it be ?*
Dave : *Can you give us a couple of minutes ?*
Serveuse : *Sure, anything you say !*
(Elle fait une sale tête et repart, dix minutes plus tard, elle revient.)
Serveuse : *You ready to order ?*
Dave à vous : *You ready ?*
Vous : *Yes...*
Serveuse : *O.K. so what can I get you ?*
Vous : *I'd like the daily special please ?*
Serveuse : *Sorry we're out...*
Dave : *Oh come on...*
Serveuse : *I'm sorry sir, I served the last one to that lady over there...*
Dave : *We've been waiting over twenty minutes !*
Serveuse : *I'm sorry sir, there's nothing I can do...*
Vous : *O.K. that's no problem ; I'll have a pastrami sandwich with crinkle fries please...*
Serveuse : *What kind of garnish would you like with that ?*
Vous : *Oh what does it come with ?*

Serveuse : *You have a choice of pickles, lettuce, mayo, onions, fried onions, Swiss cheese, cheddar cheese, bacon, Italian sausage and tomato... The list is right there on the top of your menu Ma'am, just a second I'll be right back...*

(Elle repart et cinq minutes plus tard elle revient...)

Serveuse : *I'm sorry, go ahead...*

Vous : *O.K. so I'll have pastrami and Swiss on rye bread with lettuce please ?*

Dave : *And one BLT on whole wheat, with pickles and cheddar... Hold the mayo...*

Serveuse : *Anything to drink with that ?*

Vous : *One soda please, no ice...*

Dave : *And I'll have a beer...*

Serveuse : *Any particular kind ?*

Dave : *Draft...*

Serveuse : *O.K., so one pastrami swiss and lettuce on rye, one BLT on whole wheat with pickles and cheddar, no mayo ; one soda no ice and one draft beer ? Is that it ?*

Vous : *Yup !*

Serveuse : *Thank you for choosing Ryan's, I'll be right back with your order...*

(À la fin du repas...)

Vous : *Excuse me, can I have the check please ?*

Dave : *Oh no Marybel, this one's on me, come on !*

Vous : *Oh no Dave, you've been paying for everything !*

Dave : *No, I insist ! Check please...*

Serveuse : *Here you go sir...*

Dave : *Do you accept Arcadian Express ?*

Serveuse : *No sir ; only Finer's, Fisa and Fastercard...*

Dave : *O.K...*

(Il paye, vous partez, la suite dans le chapitre sur l'amour !)

Vocabulaire

Could we order please ? : On peut commander, s'il vous plaît ?

Be right with you : J'arrive tout de suite.

Can we at least have some menus : On peut voir la carte, au moins ?

What'll it be : Alors qu'est-ce que vous prendrez ? (Une serveuse pas très polie, plutôt du genre New yorkais.)

Can you give us a couple of minutes : Encore quelques minutes, s'il vous plaît.

Anything you say : Comme vous voulez.

You ready to order ? : Vous avez choisi ?

You ready : C'est bon, t'as choisi ?

So what can I get you : Qu'est-ce que je peux apporter ?

Sorry we're out : Désolée, on n'en a plus.

Oh come on : Vous voulez rire !

I served the last one to the lady over there : J'ai servi le dernier à la dame là-bas.

We've been waiting over twenty minutes : Nous attendons depuis plus de vingt minutes.

There's nothing I can do : Je n'y peux rien.

I'll have : Je prendrai…

Crinkle fries : Frites en forme de boucles.

What kind of garnish would you like with that ? : Qu'est-ce que vous voulez comme garniture ?

What does it come with ? : C'est servi avec quoi ?

You have a choice of : Vous avez un choix de…

Pickles : cornichons ; *lettuce* : salade ; *mayo* : abrév. de mayonnaise ; *fried onions* : oignons sautés ; *swiss cheese* : gruyère ; *cheddar cheese* : fromage anglais (cheddar) ; *italian sausage* : saucisson ou saucisse italien(ne).

The list is right there on the top of your menu : La liste est juste là, en haut de la carte.

I'll be right back : Je reviens tout de suite.

Go ahead ! : Allez-y !

On rye bread : Sur du pain de seigle.

BLT : Bacon Lettuce Tomato (sandwich au bacon, tomate et salade, classique aux US).

On whole wheat : Sur du pain complet.

Hold the mayo : Sans mayonnaise.

Anything to drink with that ? : Vous prendrez une boisson ?

One soda please, no ice : Une boisson gazeuse sans glaçons.

I'll have a beer : Je prendrai une bière.

Any particular kind ? : Vous avez une marque préférée ?

Draft : Pression.

(O.K., so one pastrami swiss... : la serveuse répète la commande.)

Is that it ? : C'est tout, ce sera tout ?

Yup : Ouais.

Thank you for choosing Ryan's : Merci d'avoir choisi le restaurant *Ryan's*.

I'll be right back with your order : Je reviens tout de suite avec votre commande.

Can I have the check please ? : Je peux avoir l'addition, s'il vous plaît ?

This one's on me : C'est moi qui t'invite.

You've been paying for everything : Tu paies tout (depuis que je suis là = *past perfect continuous*).

Here you go sir : Voilà monsieur.

Do you accept Arcadian express ? : Vous prenez la carte arcadian ?

À SAVOIR

Pour dire *là-bas*, *par là*, *près de* : pour indiquer ou pointer vers quelque chose on aura très souvent recours à *here* et *there* avec des préfixes : *over there* (par là/là-bas), *right there* (juste là) ; *The list is right there on the top of your menu* : « La liste est juste là, en haut de la carte » ; *over here* (par ici), *right here* (juste ici/ici même) ; et pour dire *près de*, il y a : *near the door*, *near the exit* (près de la porte/de la sortie), *by the door, by the exit* (près de la porte/de la sortie), *right near* ou *right by the exit* (tout près de la sortie), *right over by the exit* (US) (par là, tout près de la sortie)…

LA GRAMMAIRE DES PARESSEUSES

Le **present perfect continuous** permet de parler d'une action courte mais qui se répète, commence dans le passé et se reproduit jusque dans le présent (depuis un laps de temps indéterminé) : ***You've been paying** for everything !*, « Ça fait plusieurs jours que tu payes tout ! » ; ***I've been eating** meat all my life*, « Je mange de la viande depuis toujours/j'ai mangé de la viande toute ma vie. »

Pour commander

I'll have…	Je prendrai…
I'd like…	Je voudrais…
Can I have… ?	Je peux avoir… ?
Can you get me… ?	Vous pouvez m'apporter… ?
I'll take the…	Je prendrai le…
One sandwich on rye… (directement, sans phrase avant)	Un sandwich avec du pain de seigle…

Le serveur/la serveuse vous demandera

What would you like ?	Qu'est-ce que vous prendrez ?
What can I get you ?	Qu'est-ce que je peux vous apporter ?
Can I take your order ?	Je peux prendre votre commande ?
Would you like something from the bar ?	Vous prendrez un apéritif ? (littéralement : Vous voulez quelque chose du bar ?)
Are you ready to order ?	Vous êtes prête à commander ?
Are you ready ? Is everybody ready ?	Vous êtes prête ? Tout le monde est prêt ?
Do you know what you want ? (pas du tout raffiné)	Vous avez choisi ?
What'll it be ? (pas non plus très raffiné)	Vous prendrez quoi ?
How can I help you today ? (dans un fast food)	Oui, bonjour ? (Qu'est-ce que je peux pour vous ?)

Pour se plaindre

I'm sorry, but this isn't what I ordered / I don't think this is what I ordered...	Je suis désolée mais ce n'est pas ce que j'ai commandé / Je ne crois pas que j'ai commandé ça...
I'm sorry, I didn't know what this was when I ordered it, can I change (my order) ?	Je suis désolée mais je ne savais pas ce que c'était quand je l'ai commandé, je peux changer ?
Um, are you sure I ordered this ?	Vous êtes sûr que j'ai commandé ça ?

I'm sorry, can I return this ? It's overcooked ! It's cold !	Pardon, mais est-ce que je peux renvoyer ça ? C'est trop cuit ! C'est froid !
I'm sorry, I didn't know this had pine nuts in it, I'm allergic (to pine nuts) !	Désolée, mais je ne savais pas qu'il y avait des pignons dedans, je suis allergique !
Excuse me, can I have my meat cooked a little longer please ?	Pardon, je peux vous demander de faire cuire ça un peu plus, s'il vous plaît ?

Pour la note

Can I have the check please ?	Je peux avoir l'addition, s'il vous plaît ?
Check please ?	L'addition s'il vous plaît ?
How would you like to pay for that ?	Vous réglez comment ?
Will that be cash or charge ?	Vous réglez par espèces ou par carte ?

C'est moi qui t'invite...

It's on me ! This is on me !	C'est moi qui t'invite !
This is my treat !	C'est moi qui invite !
Let me pick this up ! I'd like to pick this up !	Laisse-moi t'inviter ! Je veux t'inviter !
I'm paying !	C'est moi qui t'invite !

Quelques classiques dans l'assiette

Aux États-Unis, on appréciera le *clam chowder*, une soupe épaisse faite de patates et de chair de palourdes ; les *Porterhouse steak* et *T-bone steak*, des steaks provenant du *sirloin* (aloyau) et du filet de bœuf. Au Royaume-Uni, ce sera : les *bangers and mash* (saucisses anglaises et purée) *with onion gravy* (avec une sauce aux oignons) ; et le *fish and chips*, c'est-à-dire du cabillaud pané et frit, servi avec des frites (grand classique à déguster avec du vinaigre).

Et la cuisson…

How do you like your meat ? How would you like your meat cooked ?	Et la cuisson ?
Well done*, well cooked	Bien cuit
Medium, medium rare	À point
Rare	Saignant/rosé
N'existe pas, mais on pourrait dire *bloody* pour faire de l'effet.	Bleu

* Le « well done » anglo-saxon paraîtra souvent *très* bien cuit pour le goût français ; alors faites attention à ce que vous commandez !

LA GRAMMAIRE DES PARESSEUSES

En anglais on emploiera les prépositions *in*, *to*, ou *at* là où on emploie la préposition *à* en français : *She likes eating **in** restaurants*, « Elle aime manger au resto » ; *I am going **to** Paris*, « Je vais à Paris » ; *She's **at** work*, « Elle est *au* travail » ; *She will be here **at** ten*, « Elle sera là **à** dix heures. » Dans les cas où on parle d'un endroit indéfini on utilise *at* : *She's **at** work*, *She's **at** school*, « Elle est *au* travail, à l'école. » Enfin, pour les villes on dira *toujours in* : *We arrive **in** London at ten*, « « Nous arrivons *à* Londres à dix heures. »

CHAPITRE 4

PARLONS UN PEU !

Vous devez réserver une table à Auckland... Eh oui, vous allez voir, ce n'est pas la mer à boire...

Vous : *Hello, I'd like to reserve a table for two please, for nine p.m. this evening ?*
Le type au resto : *Would that be smoking or non-smoking Ma'am ?*
Vous : *Oh non-smoking please...*
Le type au resto : *O.K., table for two, nine p.m... Your name please ?*
Vous : *Cécile Poitou.*
Le type au resto : *And can I have a phone number ?*
Vous : *Yes, 555 7676.*
Le type au resto : *O.K. your table's reserved Ma'am...*
Vous : *Thank you...*
(Et plus tard quand vous arrivez au resto...)
Vous : *Hi (good evening), I have a reservation for two (please) ?*
Le type à l'entrée : *Your name please ?*
Vous : *Cécile Poitou ?*
Le type à l'entrée : *Right this way Ma'am...*

Vocabulaire

I'd like to reserve a table for two please : Je voudrais réserver une table pour deux, s'il vous plaît.

For nine p.m. this evening : Pour 21 heures ce soir.

Would that be smoking or non-smoking, Ma'am ? : En fumeur ou non-fumeur, madame ?

Your name please ? : Votre nom, s'il vous plaît ?

Can I have a phone number ? : Vous pouvez me donner un numéro de téléphone ?

Your table's reserved : Votre table est réservée.

LES SORTIES

I have a reservation for two : J'ai réservé une table pour deux.

Right this way Ma'am : Suivez-moi madame, c'est par là.

Pour réserver une table et se présenter avec la réservation

I'd like to reserve a table for two for eight this evening please ?	Je voudrais réserver une table pour deux pour 20 heures ce soir, s'il vous plaît.
I'd like to reserve a table for five for tomorrow night please ? At ten p.m. ?	Je voudrais réserver une table pour cinq pour demain soir s'il vous plaît. Pour 22 heures.
I'd like to make a reservation please ? For this evening ? For two ?	Je voudrais faire une réservation, s'il vous plaît... Pour ce soir. Pour deux...
Would you happen to have a table for two this evening ?	Vous auriez une table pour deux, ce soir ?
Hello, I reserved a table for two ? My name is Cécile ?	Bonsoir, j'ai réservé une table pour deux, s'il vous plaît... Au nom de Cécile.
Hi, party of five please ? I have a reservation for ten o' clock in the name of Frank Faber ?	Bonsoir, on est cinq, on a réservé pour dix heures, au nom de Frank Faber.

Vous avez apprécié le repas ? Vous avez beaucoup trop mangé ?

That was excellent, *That was delicious*, ou *That was very good*, « C'était excellent/délicieux/très bon » ; *I'm full thanks*, « Non merci j'ai assez mangé, j'ai bien mangé » ; *I've eaten too much, I'm very full, I'm too full*, « J'ai trop mangé » ; *I'm stuffed !* « Je suis repue ! » *The food* (nourriture)... *was great*, « C'était très bon. »

CHAPITRE 4

Night life (sortir le soir)

Une soirée se dit *party* et il en existe plusieurs types : *costume party* (soirée déguisée), *theme party* (soirée à thème), *after party* (soirée après une soirée ou une cérémonie), *pool party* (fête autour d'une piscine), *slumber party* (soirée où on vient dormir chez vous), *garden party* (fête dans un jardin)...

PARLONS UN PEU !

Vous arrivez à une superbe *pool party* où vous êtes invitée par l'amie d'une amie de la personne chez qui la soirée a lieu (ce qui n'est jamais simple !)...

(Vous frappez à la porte.)
Vous : *Hi, I'm a friend of Lisa's ?*
Personne à la porte : *Oh hi, come on in, my name is Tony... You are ?*
Vous : *Oh Maeva, my name's Maeva...*
Tony : *O.K. hi Maeva... Let me take your jacket... So, as you can see the bar's over here and everyone's out on the patio... They're hovering around the barbecue... Can I get you something to drink ? We've made a big bowl of sangria but you can have something else if you like...*
Vous : *Oh sangria would be great thanks...*
(Vous passez sur le patio.)
Tony : *This is Maeva everyone ! She's a guest of Lisa's...*
Vous : *Hi...*
Tony : *They've started this ridiculous game, I hate party games... But we've also set up a small dance floor in the poolhouse... All the cool people are over there !*
Lisa : *Oh shut up, Tony ! Maeva come over and meet some friends !*
Vous : *O.K. ! Bye Tony !*
Lisa : *I like party games, don't you ?*
Vous : *I prefer Tony !*
Lisa : *O.K. well have something to eat and then you can go chat him up ! There's some cocktail snacks here, chips and dip, canapés and the barbecue should be ready anytime !*

Vous : *Can I have Tony medium rare ?*
Lisa : *Oh you slut, you !*

∙ ∙

Vocabulaire

Let me take your jacket : Donne-moi ta veste.

As you can see : Comme tu vois.

The bar's over there : Le bar est là-bas.

Everyone's out on the patio : Tout le monde est dans le patio.

They're hovering around : Ils rôdent autour du...

We've made a big bowl of : On a fait un grand bol de sangria.

But you can have something else if you like : Mais tu peux prendre autre chose si tu veux.

This is Maeva everyone : Je vous présente Maeva (à tout le monde).

Guest : Invitée.

They've started this ridiculous party game : Ils ont commencé ce jeu (de fête) ridicule.

I hate : Je déteste.

We've also set up : Nous avons aussi installé...

Small dance floor : Petite piste de danse.

Poolhouse : Cabane de piscine/petit appartement près de la piscine.

All the cool people are over there : Tous les gens branchés sont là-bas.

Shut up ! : Tais-toi !

Come over and meet : Viens là que je te présente.

I like party games don't you ? : J'aime les jeux de soirée, pas toi ?

I prefer Tony : Je préfère Tony.

Well, have something to eat : Prends-toi un truc à manger.

Then you can go chat him up : Ensuite tu peux aller le draguer.

Cocktail snacks : Amuse-gueule de cocktail.

Chips and dip : Chips (servies avec) une sauce (pour les tremper).

Barbecue should be ready anytime : Le barbecue devrait être prêt d'une minute à l'autre

Can I have Tony medium rare ? : Je peux avoir du Tony cuit à point ?

Oh you slut you : Oh petite pute, va ! (Une insulte comme *slut* devient une plaisanterie dite avec affection quand on l'entoure de *you*.)

Deux, trois mots à connaître...

Snacks (hors d'œuvres, appetizers)	Amuse-gueules (hors-d'œuvres)
Drinks (bar, open bar)	Boissons (bar, open bar)
Peanuts	Cacahuètes
Canapé (on dit aussi petits fours maintenant dans les milieux chics)	Canapé (petits-fours)
Guests	Invités
Guest list	Liste d'invités
Cocktail sandwiches	Petits sandwichs

Les bars et boîtes de nuit

Vous aimez les bars qui deviennent boîtes de nuit ou le style décontracté d'un *pub*... Ou vous préférez la grosse usine techno ? Ou la petite boîte à salsa ? Quoi qu'il en soit, vous devez d'abord rentrer, puis commander, puis séduire, vous faire séduire ou pas (mais tout ça, c'est pour plus tard, dans le chapitre sur l'amour), alors voici quelques infos pour vous...

Sortir en boîte, se saouler...

Clubbing (aller en boîte), *bar-hopping* (aller de bar en bar), *to be a devout clubber* (être une dévôte des boîtes de nuit), *to get drunk* (se saouler) *to get bombed, smashed, hammered, pissed, sozzled, piss-drunk* (se saouler en argot)... Et enfin *to throw up* (vomir) ou *to puke, to hurl, to blow chow* (gerber, en argot bien sûr !)

Pour rentrer en boîte

Hip/cool/happening club	Boîte branchée
Dress code (dressing up, looking hot/hip)	Code vestimentaire (bien s'habiller, s'habiller sexy/branchée)
Drinks	Conso
Admission, admissions charge, at the door	Entrée (tarif d')
Getting in, to get in	Entrer
The door, at the door	L'entrée
Per person	Par tête

Remarque : On parlera aussi de *tickets* (billets) s'il s'agit d'une boîte de nuit où il y a des concerts.

CHAPITRE 4

À SAVOIR

En anglais videur se dit *bouncer* (*to bounce* = faire rebondir), un métier que plusieurs acteurs de Hollywood ont fait avant de devenir célèbres. Mais le mot *to bounce* a aussi d'autres usages : dans le jargon hip hop, il veut dire danser ; quant à un chèque *bounces*, attention, il est en bois ; et que se passe-t-il lorsque le criminel *bounces* ? eh bien, il s'échappe, tout simplement...

PARLONS UN PEU !

Avec Dave vous avez décidé d'aller en boîte. Vous voici tous les deux devant la porte d'entrée.

Dave : *Do you want to go in ?*
Vous : *Sure...*
Dave : *O.K., but we might have to wait in line. I usually have no trouble getting in because I know a guy at the door. But he isn't here tonight.*
Vous : *No problem...*
(Vous attendez puis arrivez près de l'entrée.)
Gars à l'entrée : *How many ?*
Dave : *Two, the young lady and myself.*
Gars à l'entrée : *O.K... Go on in, coatcheck on your right, cashier on your left...*
Dave : *Hey is Alan here tonight ?*
Gars à l'entrée : *No he doesn't work Thursdays...*
Dave : *O.K. thanks...*
(Vous entrez dans la boîte.)
À la caisse : *Ten dollars please and two dollars for the coatcheck...*
Dave : *O.K., here you go...*
À la caisse : *O.K. here's your change, you get two free drinks with that...*
Dave : *Wasn't it ladies' night tonight ?*
À la caisse : *Only before eleven sir, not after...*
Dave : *Oh ok thanks...*
(Dans les vestiaires.)
Dave : *You want to leave anything ?*
Vous : *Yeah my jacket and my purse...*

Dave : *I suggest you keep your ID on you, you look so young they might ask for it*...*
(Vous riez parce que c'est de la flatterie.)
Dave : *No I'm serious, it's always better to keep your ID on you...*
Vous : *O.K...*
(Vous vous dirigez vers le bar.)
Dave : *What would you like to drink ?*
Vous : *A mojito ?*
Dave : *(au barman) Hi, one mojito and one Cuba Libre please...*
Barman : *O.K. Can I have your tickets please ?*
Dave : *Yeah here...*
Barman : *Next drink you'll need to get a ticket from the counter over there...*
Dave : *Yeah I know, thanks...*
Barman : *Sure thing.*
(Il vous sert.)
Barman : *One mojito and one Cuba Libre, here you go...*
Dave : *Thanks...*
Vous : *Thanks...*
* *Cf.* à savoir plus loin sur l'âge minimum américain pour consommer de l'alcool.

Vocabulaire

Do you want to go in ? : Tu veux rentrer ?

We might have to wait in line : On va peut-être devoir faire la queue.

I usually have no trouble getting in : En général, je n'ai aucun problème pour rentrer.

Because I know a guy at the door : Parce que je connais un type à la porte.

But he isn't here tonight : Mais il n'est pas là ce soir.

How many ? : Combien (de personnes) ?

The young lady and myself : La demoiselle et moi (*young lady* = marque de politesse).

Go on in ! : Allez-y !

Coatcheck on your right : Vestiaire sur votre droite (on dira *cloakroom* à l'opéra).

Cashier on your left : Caisse sur votre gauche (*cashier* = caissière).

Hey is Alan here tonight : Excuse-moi, Alan est là ce soir ?

He doesn't work Thursdays : Il ne travaille pas le jeudi (on dit d'habitude : *on Thursdays*, mais en parlant on laisse souvent tomber le *on*).

Here's your change : Voici votre monnaie.

You get two free drinks with that : Vous avez droit à deux boissons avec ça.

Wasn't it ladies' night tonight ? : C'était pas gratuit pour les femmes ce soir ?

Only before eleven sir, not after : Seulement avant 23 heures, monsieur, pas après.

You want to leave anything ? : Tu veux laisser quelque chose ?

Jacket : Manteau, veste.

Purse : Sac à main.

I suggest you keep your ID on you : Je suggère que tu gardes ta pièce d'identité.

You look so young they might ask for it : Tu fais tellement jeune qu'ils pourraient te la demander.

No I'm serious : Non, sérieusement.

It's always better to keep your ID on you : C'est toujours mieux de garder ta pièce d'identité sur toi.

What would you like to drink ? : Qu'est-ce que tu veux boire ?

Can I have your tickets please : Je peux avoir vos tickets, s'il vous plaît ?

Yeah here : Oui voici.

Next drink you'll need to get a ticket from the counter over there : Pour la prochaine consommation, vous devrez passer par la caisse là-bas.

Yeah I know, thanks : Oui je sais, merci.

Sure thing : De rien.

Here you go : Voilà (vos boissons) !

À SAVOIR

Aux États-Unis, il est interdit de commander ou d'acheter de l'alcool si vous n'avez pas 21 ans ; si vous faites plus jeune et que vous commandez de l'alcool à boire, tous les bars et boîtes exigeront de voir votre *Photo ID* (une pièce d'identité avec photo, en générale le permis de conduire, qui prouve que vous avez 21 ans).

LA GRAMMAIRE DES PARESSEUSES

Il n'y a pas de subjonctif en anglais ; on emploie les temps présent et futur à la place : *I suggest you **keep** your ID with you*, « Je suggère que tu *gardes* ta carte d'identité sur toi » ; *I don't think **he's** here*, « Je ne crois pas qu'il *soit* là » ; *It's possible **he'll arrive** later*, « Il est possible qu'il *arrive* plus tard. » Le mot *might* qui servait autrefois à marquer le subjonctif s'emploie à présent pour le conditionnel : *He **might** not be here tonight*, « Il *pourrait* ne pas être là ce soir, il est possible qu'il *ne soit pas* là ce soir. »

CHAPITRE 4

Commander au bar

Pour commander au bar on dira à peu près la même chose qu'au restaurant, mais avec un peu moins de politesse et peut-être un peu plus d'argot...

I'll have a..., I'll take...	Je prendrai un/une...
One draft beer please...	Une bière pression, s'il vous plaît...
Can I get a... ?	Je peux avoir un/une...
A beer for me please... ?	Une bière s'il vous plaît...
Two beers and one red wine please...	Deux bières et un verre de vin rouge, s'il vous plaît...
Draft beer ? (l'intonation interrogative marquant la politesse)	Une bière, s'il vous plaît...
Give me one beer and two gin and tonics...	Donnez-moi une bière et deux gin tonics...
Do you have draft/bottled beer ? I'll have one...	Vous avez de la bière pression/bière bouteille ? J'en prendrai une...

Les quantités

A glass of... (wine by the glass)	Un verre de...
A bottle of...	Une bouteille de...
A pitcher of... (margarita, beer...)	Un pichet de...(margarita, bière...)
A pint	Une pinte
A half-pint	Un demi
Single	Simple

LES SORTIES

Double	Double
Free drinks, open bar	Boissons à volonté, bar ouvert

Remarque : On ne dira pas *picher* pour le vin mais *carafe* (et cela se dira plutôt dans un resto chic).

Quelques boissons

Club soda	Eau pétillante
Gin and tonic	Gin tonic
Mulled wine	Vin chaud
Draft (ou draught) beer/beer on tap	Bière pression
Scotch and soda/and water	Whisky soda/eau plate
Scotch on the rocks	Whisky glaces
Vodka and tonic	Vodka tonic
To mix a cocktail	Préparer un cocktail

Ce que vous dira le barman

Là aussi ce sera un peu moins poli et plus argotique qu'au resto...

What can I get you ?	Je vous sers quoi ?
What'll it be ?	Vous prendrez quoi...

À SAVOIR

Il y a plusieurs façons de dire *yes*, *no* et *ok* en anglais argotique. *Yes/ok* : *yep*, *yup*, *yeah*, *no sweat*, *uh-huh*, *ok*, *okidoke*, *sure thing*, *alrighty* (US). *No* : *nope*, *no way*, *nuh-uh*, *uh-uh*, *nah*, *not on your life* (jamais), *ain't gonna happen* (jamais de la vie, US). On ajoute ensuite les gros mots (*fucking* = baiser, *hell* = enfer) pour épicer le tout : *no fucking way*, *no way in hell*, (jamais de la vie), *fuckin' A* (bien sûr), et à vous de découvrir les autres...

CHAPITRE 4

Quand le barman vous remerciera

No sweat !	Pas de souci !
Sure thing !	De rien !
Anytime !	De rien (quand vous voulez) !

Les spectacles

Aller voir un spectacle se dit *to take in a show* ou alors *to go to a show*. Un *show* peut faire allusion à un défilé de mode, à une comédie musicale, à un spectacle de cabaret...

PARLONS UN PEU !

Vous êtes à La Nouvelle-Orléans avec un beau (et trop cool) musicien, Bill Porter, et vous avez envie d'aller à un concert...

Vous : *Bill let's go to a concert tonight, there's a blues band on Bourbon Street I want to go check out...*
Bill : *O.K., let me see if I can get tickets...*
(Il appelle quelqu'un...)
Bill : *Hi, I wanted to know if you had any tickets left for the Harlon Gray blues band ?*
(Il raccroche.)
Bill : *Sorry baby, they're all sold out... But there's another band playing at the Bourbon Fields club, you want to go ?*
Vous : *Will we get tickets ?*
Bill : *We won't need tickets ; they know me there ; we'll get great seats ! Front row seats !*

Vocabulaire

I want to go check out : Je veux aller voir (*to check something out* : argot pour "aller voir").

Tickets : Places, billets.

I wanted to know if you had any tickets left : Je voulais savoir s'il vous restaient des places.

They're sold out : C'est complet.

Will we get tickets : Il y aura des places, on trouvera des billets ?

We won't need tickets : Pas besoin de billets.

They know me there : Ils me connaissent là-bas.

We'll get great seats : On aura des super places.

Front row seats : Des places au premier rang.

Pour demander des places

Hi, do you have any tickets left for... ?	Bonjour, il vous reste des places pour... ?
Hello, I was wondering if you had any seats left for... ?	Bonjour, je voulais savoir s'il vous restaient des places pour...
Hi, do you have two seats for... ?	Bonjour, vous avez deux places pour... ?
Hi, I needed two tickets for... ? Hi, two tickets for... ?	Bonjour, je voulais deux places pour... Bonjour, deux places pour...

CHAPITRE 4

Le cinéma

PARLONS UN PEU !

Envie d'une petite toile ? Vous appelez une copine, et une heure après vous voilà toutes les deux devant le guichet...

Vous : *Rea, d'you want to go to a movie ?*
Rea : *Sure, what's on ?*
Vous : *I want to go see Big Giant Gorilla, apparently it's not bad...*
Rea : *O.K., I'll see you there, I might be a little late ; see if you can leave a ticket for me...*
Vous : *O.K., I'll see you inside then, I'll try and get seats on the side in the back...*
Rea : *O.K. thanks...*
(Au cinéma.)
Vous : *One ticket for Big Giant Gorilla please...*
Caissière : *That'll be five pound fifty please...*
Vous : *I have a student ID card...*
Caissière : *There's no discount after five p.m...*
Vous : *O.K. thanks... Oh can I leave a ticket here for someone ?*
Caissière : *Yes you can but you have to go to that window there...*
Vous : *Thanks, and can I book in advance for tomorrow night's showing ?*
Caissière : *Yes you can, but at that window over there !*
Vous : *O.K. thanks...*

Vocabulaire

To go to a movie : Aller au cinéma (GB : *to go to the cinema* ; et pour la salle de ciné US : *movie theater*).

What's on ? : Il y passe quoi ?

I want to go see : Je veux aller voir.

Apparently it's not bad : Apparemment c'est pas trop mal.

I'll see you there : Je te donne rendez-vous là-bas.

See if you can leave a ticket for me : Vois si tu peux me laisser un billet.

I'll see you inside : Je te retrouverai à l'intérieur.

I'll try and get seats on the side in the back : J'essaierai de prendre des places sur le côté à l'arrière.

One ticket for... : Une place pour...

That'll be... : Cela vous coûtera...

I have a student ID card : J'ai une carte étudiant.

There's no discount after five : Il n'y a pas de réduction après 17 heures.

Can I leave a ticket here for someone ? Je peux laisser un billet ici pour quelqu'un ?

Yes, you can but you have to go to that window there : Oui, mais il faut aller au guichet là-bas.

Can I book in advance for tomorrow night's showing ? : Je peux réserver à l'avance pour la séance de demain soir ?

Laisser et récupérer des places

Hi, I need to leave these tickets for someone (to pick up)...	Bonjour, je dois laisser ces places pour quelqu'un (vienne les chercher)...
Hi, I'm here to pick up tickets someone left me...	Bonjour, je viens chercher des places qu'on a laissées pour moi...
Hello, I need to pick up some tickets left for...	Bonjour, je dois récupérer des places laissées pour...
Hi, I need to pick up tickets left in the name of...	Bonjour, je dois récupérer des places laissées au nom de...

On whose name ? What's your name ? Your name ?	C'est à quel nom ? Vous êtes ?
Can I see some identification (ID) ? Can you show me some identification (ID) ?	Vous avez une pièce d'identité ?

Les temples du spectacle

Le spectacle a ses temples, comme le **Caesar's Palace** à Las Vegas pour la boxe, the **Grand Old Opry** à Nashville pour la musique country, the **West End** et **Covent Garden** à Londres pour le théâtre ; **Broadway**, **Off Broadway** et **Off Off Broadway** pour le théâtre à New York ; **Madison Square Garden** à New York pour les spectacles et concerts en plein air ; **Royal Albert Hall** à Londres pour la musique classique ; the **Met** (Metropolitan Opera) à New York pour la musique classique ; le **Chinese Theater** à Los Angeles pour le cinéma et surtout les premières ; the **Sydney Opera House** à Sydney pour l'opéra et tous les clubs et bars de la **Bourbon Street** à La Nouvelle-Orléans pour le *blues* et le *jazz*.

DIX FAÇONS DE DEVENIR UNE *PARTY ANIMAL* EN ANGLAIS

1. Vous arrivez dans un resto, un café, un bar...

Hi, a table for two please / Um, hi, do you have a table for four ? / Non-smoking ? / We'd like to have a drink if that's possible ? / Is it still possible to have lunch ? / Can we just have a drink please ? / Can we get a table for lunch ? for dinner ? just for a drink ? / Are you still serving lunch ? dinner ?

2. Demandez la carte.

Can you bring us the menus please ? / Can we have the menus please ? / Can I have a look at the menus please ? / Can I see the wine list ? / Is there a wine list ? / Do you have a wine list ?

3. Posez des questions sur la carte.

I had a question about the appetizer/main course/dessert... / Can you tell me what comes with that ? / Is there anything that comes with that ? / I'd like that well-cooked/medium rare please... / Does that come with anything ? with rice ? with fries ? with a salad ?

4. Comment commander et comprendre le serveur.

I'll have (the)... / I'd like (the/some)... / I'll take the... / Can you get me... / What would you like ? / Can I take your order ? / Are you ready to order ?

5. Comment demander la note.

Can I have the check please ? / Check please... / Where can I pay please ? / It's/This is on me ! / Let me pick this up / I'd like to pick this up ! / I'm paying for this !

6. Comment réserver une table et vous signaler quand vous arrivez.

I'd like to reserve a table for two for eight this evening please ? / I'd like to reserve a table for five for tomorrow night please ? At ten p.m. ? / Hello, I reserved a table for two ? / My name is Cécile ? / I'd like to make a reservation please ? / For this evening ?

/ For two ? / Hello, I reserved a table for two ? / My name is Cécile ? / Hi, party of five please ? / I have a reservation for ten o'clock in the name of Frank Faber ?

7. Vous sortez en boîte.

Drinks ; admission ; admissions charge ; getting in ; to get in ; at the door ; per person ; coatcheck ; dress code ; looking hot/hip ; Hi, two please… ; Two tickets please…

8. Vous passez une commande dans un bar.

I'll have a beer please / One draft beer please / A beer for me / Two beers and one red wine please / Draft beer ? (intonation interrogative marquant la politesse) / Le barman dira : *What can I get you ? / Yes ? / What'll it be ?*

9. Connaissez les boissons et les quantités.

Club soda ; Mulled wine ; Gin and tonic ; Scotch and soda ; Scotch on the rocks ; a pitcher of beer ; a carafe of wine ; wine by the glass ; a glass of red wine.

10. Demandez des places de spectacle (théâtre, cinéma, etc.).

Hi do you have any tickets left for… / Hello, I was wondering if you had any seats left for… ? / Hi do you have two seats for… / Hi, I needed two tickets for… / One ticket for… / Hi I need to leave these tickets for someone to pick up ? / Hi I'm here to pick up tickets someone left me… / On whose name ? / What's your name ? / Your name ?

chapitre 5

Beauté, santé et hygiène

BEAUTÉ, SANTÉ ET HYGIÈNE

Être belle... en anglais

Vous êtes à Los Angeles et devez vous faire belle pour une soirée super chic ; vous êtes à Miami et un ami vous a invitée dans une boîte ultra-branchée... Apprenez à vous pomponner en anglais...

Le maquillage

Le maquillage (*make-up*) est *on ne peut plus important* dans la recherche du *look* parfait. Alors demandez le bon produit, c'est essentiel.

Demander le bon produit

Hi I'm looking for long-lasting mascara please...	Bonjour, je cherche un mascara longue durée, s'il vous plaît.
Hello I'm looking for lip gloss ? Do you have any ?	Bonjour, je cherche du gloss, vous en avez ?
Hi would you happen to have this brand of kohl pencil ?	Bonjour, est-ce que vous auriez cette marque de crayon khôl ?
Hi, I'm looking for nail varnish / nail polish remover / make-up remover...	Bonjour, je cherche du vernis à ongles / du dissolvant / du produit démaquillant, s'il vous plaît...
How much is this lipstick please ?	C'est combien ce rouge à lèvres, s'il vous plaît ?

PARLONS UN PEU !

Vous voilà dans un grand magasin à Hollywood à la recherche du maquillage qui fera de vous une rivale des stars...

CHAPITRE 5

Vous : *Hi… Excuse me, can you tell me where the make-up section is please ?*
Vendeuse : *Sure, the cosmetics section is right over there on your left, Ma'am…*
Vous : *Thanks…*
(Vous vous dirigez vers le temple de la beauté.)
Vendeuse : *Hi can I help you ?*
Vous : *Oh I'm just looking thanks…*
Vendeuse : *Well if you're interested we've got a sale going on all skin care products, from blush to cover-up, powder, accessories like brushes, compacts, different types of face washes and creams…*
Vous : *Oh thanks, I'm actually looking for a nice dramatic lip color, something that makes a statement !*
Vendeuse : *Well our lipsticks are over here, what did you have in mind ?*
Vous : *Well I'm going to a party tonight and I need a nice color to go with my dress…*
Vendeuse : *Well these are the latest colors ! Why don't I let you look at those and if you like, we can do a free makeover for you later ! Our experts can give you some great tips !*
Vous : *Ok great ! I'll see what I can find here and I'll let you know !*

....

Vocabulaire

Can you tell me where the make-up section is ? : Pouvez-vous me dire où se trouve la partie maquillage ?

Cosmetics : Produits de beauté.

Right over there on your left : Juste là sur la gauche.

I'm just looking : Je ne fais que regarder.

If you're interested we've got a sale going : Si cela vous intéresse, on fait une promotion en ce moment.

On all skin care products : Sur les soins de la peau.

Cover-up : fond de teint pour masquer les défauts, *powder* : poudre ; *brushes* : pinceaux ; *compacts* : petit kit de poudre avec miroir ; *face washes* : soins du visage (démaquillant, nettoyant), (*to wash* : laver) ; *creams* : crèmes.

I'm actually looking for... : En réalité (pour tout vous dire) je cherche...

A nice dramatic lip color : Une jolie couleur pour les lèvres, éclatante.

Something that makes a statement : Quelque chose qui en jette.

Our lipsticks are over here : Nos rouges à lèvres sont ici.

What did you have in mind ? : Qu'est-ce que vous recherchez exactement ?

I'm going to a party tonight : Je vais à une soirée ce soir.

I need a nice color to go with my dress : J'ai besoin d'une jolie couleur assortie à ma robe.

These are the latest colors : Voici nos nouvelles couleurs.

Why don't I let you look at those : Je vais vous laisser regarder celles-là.

If you like : Si vous voulez.

We can do a free makeover for you later : Nous pouvons vous faire un relookage/une séance de maquillage gratuit(e) plus tard.

Our experts can give you some great tips : Nos experts peuvent vous donner de très bons tuyaux.

I'll see what I can find : Je vais voir ce que je peux trouver.

I'll let you know : Je vous le ferai savoir.

PARLONS ENCORE UN PEU !

Vous êtes à Sundance pour le festival, vous avez besoin d'une épilation en urgence... Vous appelez pour un rendez-vous :

CHAPITRE 5

Au téléphone : *Paulina Hersch Beauty Salon, how may I help you ?*
Vous : *Hi, I'd like to make an appointment for tomorrow afternoon if possible ?*
Au téléphone : *Sure, what time ?*
Vous : *Anytime after two p.m. ?*
Au téléphone : *Ok, how about four fifteen ?*
Vous : *Sure, sounds perfect...*
Au téléphone : *What would you be needing ?*
Vous : *Oh a wax please... and maybe a manicure if you have the time...*
Au téléphone : *Sure, what would you need to be waxed ?*
Vous : *Oh full legs, bikini line, upper lip and underarms...*
Au téléphone : *Ok, and a manicure too right ?*
Vous : *Right...*
Au téléphone : *Ok, your name please ?*
Vous : *Amira Vermonti...*
Au téléphone : *Ok Ms. Vermonti, we'll see you tomorrow at four fifteen !*
Vous : *Thanks...*
Au téléphone : *You're welcome bye bye.*

・・・

Vocabulaire

I'd like to make an appointment : Je voudrais prendre rendez-vous.

For tomorrow afternoon if possible : Pour demain après-midi si possible.

What time ? : À quelle heure ?

Anytime after two p.m. : N'importe quelle heure après 14 heures.

Sounds perfect : C'est parfait (ça m'a l'air parfait).

What would you be needing ? : De quoi auriez-vous besoin ?

A wax please : Une épilation, s'il vous plaît.

Maybe a manicure if you have the time : Et peut-être une manucure si vous avez le temps.

What would you need to be waxed ? : Vous auriez besoin qu'on vous épile quoi ?

Full legs : jambes entières (*half legs* : demi-jambes) ; *bikini line* : le maillot ; *upper lip* : lèvre supérieure ; *underarms* : les aisselles.

A manicure too right : Et aussi une manucure, c'est ça ?

You're welcome : De rien, je vous en prie.

LA GRAMMAIRE DES PARESSEUSES

En anglais, on peut à l'orale omettre le sujet d'une phrase (en générale quand le sujet est *it* ou *that*). Par exemple : *Sounds perfect/sounds great* (*That* sounds perfect /great, « Ça m'a l'air génial »), *Like I said* (*It's* like I said, « C'est comme j'ai dit »), *Looks great* (*That/it* looks great, « C'est très joli »), *Feels ok* (*It* feels ok, « Ça va. ») À l'écrit, on peut omettre le sujet quand on le reprend après *and* : *We'll use a cleanser and get all the dirt out*, « Nous utiliserons un nettoyant et *nous* sortirons toute la crasse ») ; *I walked in saw Fred*, « Je suis entrée et *j'ai* vu Fred. ») En français, on ne peut pas toujours le faire mais en anglais on *doit* toujours le faire !

Quelques phrases pour le salon de beauté

Hello, I need a wax please but I don't have an appointment.	Bonjour, j'ai besoin d'une épilation mais je n'ai pas de rendez-vous.
I'd like a wax, a manicure, a facial please.	Je voudrais (me faire faire) une épilation, une manucure, un masque pour le visage, s'il vous plaît ?
Hello, I have a waxing appointment for four fifteen ?	Bonjour, j'ai un rendez-vous pour une épilation pour 16 h 15, s'il vous plaît...

CHAPITRE 5

Hi, I wanted to know if I could get an appointment for tomorrow ? For a massage ?	Bonjour, je voulais savoir si je pouvais prendre rendez-vous pour demain. Pour un massage.
Hi, would it be possible to get a manicure, a wax right now ?	Bonjour, ce serait possible de me faire une manucure, une épilation tout de suite ?

Et le plus important...

How much do I owe you please ?	Je vous dois combien ?
Where do I leave a tip ?	Le pourboire, je le laisse où ?

PARLONS ENCORE UN PEU !

Vous avez pris rendez-vous dans un salon de beauté qui pratique le *makeover*. *Makeover* ? Vous allez comprendre, entrez !

Au comptoir : *Hi, may I help you ?*
Vous : *Yes I have an appointment for four fifteen...*
Au comptoir : *Ms. Vermonti ?*
Vous : *Yes...*
Au comptoir : *Come this way... Is this your first time here ?*
Vous : *Yes...*
Au comptoir : *Would you be interested in a makeover ? We're offering all our first-time clients a free makeover !*
Vous : *Um yeah, if I have time later... I'm in a bit of a rush today !*
Au comptoir : *No problem ! No problem !... Here you are... There's a robe for you in the corner ! Your beauty care expert today is Gina and she'll be with you in just a moment...*
Vous : *Thanks...*
(Vous vous changez ; entre Gina.)
Gina : *Hello, how are you today ?*
Vous : *Oh fine, thank you...*
Gina : *So, you're here for a wax is that right ?*

BEAUTÉ, SANTÉ ET HYGIÈNE

Vous : *Yes...*
Gina : *Full legs, underarms, bikini line and upper lip ?*
Vous : *That's right.*
Gina : *Would you like me to do your eyebrows ?*
Vous : *No, I think I'm fine... I like the natural look !*
(Enfin l'épilation et la manucure finie, vous venez à la caisse.)
Au comptoir : *So ? Would you like your makeover ?*
Vous : *Sure, why not... Will it take long ?*
Au comptoir : *Not at all ! Come this way...*
(Vous vous asseyez sur une chaise ; arrive un jeune homme tout à fait charmant...)
Fred : *Hi, I'm Fred, you are ?*
Vous : *Amira...*
Fred : *Hi Amira, oh my you have lovely skin ! Gorgeous ! You're not American are you ?*
Vous : *No, I'm French.*
Fred : *Oh my ex-boyfriend was French !*
Vous : *Oh...*
Fred : *Yes a very elegant man but not very nice I'm afraid... What would you like today ? A more natural look ? A sexy or a glamorous look ?*
Vous : *Well I usually go for the natural look, so why don't we try the glamorous look for a change ?*
Fred : *Fabulous ! And I promise you'll be fabulous by the end of it ! Ok, so let's start with some basic foundation with a gold and pink tinge ; then we'll do a sort of gold and mauve on the eyes and a pinkish purple on the lips... What do you think ?*
Vous (riant) : *Sounds fabulous !*
Fred : *Oh absolutely, darling ! But we'll start with a nice cleanser shall we ? Get all the dirt out ! Um there's a range of products here... The makeover's free but you have a choice of what make-up you want... The basic or the pricey kind.*
Vous : *Well, I like my skin to be well-protected so why not, let's take the expensive stuff !*
Fred : *Excellent, a true sense of style ! That's what I like to hear darling ! I like you already !*

CHAPITRE 5

Vocabulaire

Come this way : Venez par là.

Is this your first time here ? : C'est la première fois que vous venez ici ?

Would you be interested in... ? : Seriez-vous intéressée par... ?

We're offering all our first-time clients a free makeover ! : Nous proposons à toutes nos nouvelles clientes (*first-time* : celles qui viennent pour la première fois) un relookage gratuit !

If I have time later : Peut-être plus tard si j'ai le temps.

I'm in a bit of a rush today : Je suis un peu pressée aujourd'hui.

Here you are : Voilà !

There's a robe for you in the corner : Il y a un peignoir pour vous dans le coin.

Your beauty care expert today is Gina : Votre expert en soins de beauté aujourd'hui, c'est Gina.

And she'll be with you in just a moment : Et elle viendra vous voir tout de suite *(in just a moment* : sous peu, tout de suite).

So : Donc, alors (vous aurez remarqué comme c'est très souvent employé dans la conversation).

You're here for a wax, is that right ? : Vous êtes là pour une épilation, c'est bien cela ?

That's right : C'est ça.

Would you like me to do your eyebrows too ? : Vous voulez que je vous fasse les sourcils aussi ?

No, I think I'm fine : Non, je pense que ça va comme ça.

I like the natural look : J'aime bien le look naturel.

BEAUTÉ, SANTÉ ET HYGIÈNE

Would you like your makeover ? : Vous voulez votre relookage ?

Why not ? : Pourquoi pas ?

Will it take long : Ce sera long.

Oh my you have lovely skin ! : Mais dites donc, vous avez une superbe peau !

Gorgeous : Exquise (très courant pour décrire la beauté).

You're not American are you ? : Vous n'êtes pas américaine, si/je parie ?

Oh my ex-boyfriend was French ! : Oh, mon ex-copain était français !

Yes, a very elegant man but not very nice I'm afraid : Oui, un homme très élégant mais pas très gentil malheureusement.

What would you like today ? : Qu'est-ce que vous voulez aujourd'hui ?

A more natural look ? A sexy or a glamorous look ? : Un look naturel, sexy ou glamour ?

Well, I usually go for the natural look : Eh bien, je préfère toujours le look naturel (*to go for* : préférer, choisir).

So, why don't we try the glamorous look for a change ? : Alors pourquoi pas essayer le look glamour pour changer ?

Fabulous : Génial.

And I promise you'll be fabulous by the end of it : Et je te promets que tu seras fabuleuse à la fin (*fabulous* : mot caricatural pour évoquer les maquilleurs gays et leur vision d'une beauté ultra-glamour).

Ok, so we'll start with some basic foundation : Bon, donc on commencera avec un fond de teint basique.

With a gold and pink tinge : Avec une teinte une peu dorée et rose.

Then we'll do a sort of gold and mauve on the eyes : Puis on mettra un peu de doré et de mauve sur les yeux.

And a pinkish purple on the lips : Et du rose et du violet sur les lèvres.

What do you think ? : Qu'est-ce que vous en pensez ?

Sounds fabulous : Ça m'a l'air génial.

Oh absolutely darling ! : Oh oui, darling (mon amour) !

But we'll start with a nice cleanser shall we : Mais on commence avec un produit nettoyant, d'accord ?

Get all the dirt out : Pour sortir toute la crasse.

Um, there's a range of products here : Il y a toute une gamme de produits ici.

The makeover's free but you have a choice of what make-up you want : Le relookage est gratuit mais vous avez un choix de produits de maquillage.

The basic or the pricey kind : Les produits basiques ou plus chers.

Well, I like my skin to be well-protected : Eh bien, j'aime que ma peau soit bien protégée.

So why not, let's take the expensive stuff : Alors pourquoi pas, prenons les produits chers.

Excellent, a true sense of style : Excellent, un vrai sens du style.

That's what I like to hear darling : C'est ce que j'aime entendre, ma petite.

I like you already : Je t'aime déjà (beaucoup).

LA GRAMMAIRE DES PARESSEUSES

Ces adjectifs qui ne le sont pas : en anglais, surtout en anglais américain, on peut regrouper des mots devant un substantif et les utiliser comme un gigantesque adjectif. Par exemple : *first-time client* (client qui vient pour la *première fois*), *This is a low-intensity conflict* (c'est un conflit *à faible intensité*), *This is a high-performance, big-sound, low-power, no-echo sound system* (c'est un système sonore

BEAUTÉ, SANTÉ ET HYGIÈNE

de haute performance avec un gros son qui ne consomme pas beaucoup de courant et qui ne fait pas d'écho)... Comme vous voyez la liste peut être très longue !

Le salon de coiffure

Besoin d'un brushing urgent ? Vos cheveux frisent trop sous le soleil fidjien... Nous comprenons... Partez donc à la recherche du parfait salon de coiffure. Mais, en *anglais* !

Coupe, brushing, couleur ?

Hi, do you think* I could get a hair cut right now ? Without an appointment ?	Bonjour, vous pensez que je peux avoir une coupe tout de suite ? Sans rendez-vous ?
Hi, I'd like to make an appointment to get my hair trimmed (please).	Bonjour, je voudrais avoir un rendez-vous pour une égalisation, s'il vous plaît.
Hi, I need my hair to be brushed out because I have a party tonight ; d'you think it would be possible right now ?	Bonjour, j'ai besoin d'un brushing parce que j'ai une fête ce soir ; vous pensez que ce serait possible tout de suite ?
Hi, I need to get my hair colored... ?	Bonjour, j'ai besoin de me faire une couleur.
Hello, I want to get a perm, do you do those ?	Bonjour, j'ai envie de me faire une permanente, vous en faites ?
I want to change my hair style, do you have any ideas ?	Je veux changer de coupe, vous avez des idées ?
Hi, I'd like to get my hair straightened, is that possible ?	Bonjour, je voudrais faire lisser mes cheveux, vous faites ça ?

* *Do you think* ajoute une note de politesse...

CHAPITRE 5

Et le plus important à la fin...

How much do I owe you please ?	Je vous dois combien ?
Where can I leave a tip ?	Le pourboire, je le laisse où ?
Where do I leave a tip ?	Le pourboire, je le laisse où ?

PARLONS ENCORE UN PEU !

Vous avez été *si* heureuse du *makeover* que Fred vous a fait que vous avez repris rendez-vous avec lui : mais cette fois-ci pour une coupe de cheveux (puisque ce garçon sait tout faire !).
Vous le retrouvez au salon vêtu d'un T-shirt marqué *If you got it flaunt it*, « Montrez vos atouts si vous en avez ! » : slogan de femmes modernes qui n'ont pas peur de pouvoir séduire rien qu'avec leur corps...).

Fred : *Well hello again, I see you can't live without me !*
Vous : *I guess not ! But I'm here for my hair this time !*
Fred : *A cut ? Or something more fabulous ?*
Vous : *Oh definitely something more fabulous ! What do you suggest ?*
Fred : *Oh I don't know... A chignon would look great on you, or even a very short cut, like a bob, or maybe some dramatic hair color ? You ever thought of coloring those thick locks ?*
Vous : *No, I tend to avoid artificial products, my hair's pretty delicate that way...*
Fred : *Oh no fear honey, Uncle Freddie uses only the finest... You want to know what I think ?*
Vous : *Hit me !*
Fred : *I say we cut it a little to take out the frizzies and give it some body. Then we add some highlights for a little shine, brush it out and you're hot to trot !*
Vous : *O.k., what color did you have in mind ?*
Fred : *Oh this lovely new shade called winter honey my darling, perfect for your natural brown...*
Vous : *O.k. ! I love it !*
Fred : *But seriously, you should try cutting it real short sometime... You'd look incredible !*
Vous : *I tried that last year, but I like it longer now for some reason...*
Fred : *Makes you look more stylish, for sure ! And you can do more stuff with long hair !*

BEAUTÉ, SANTÉ ET HYGIÈNE

Vous : *Yeah I've tried it all. Now I want something more manageable !*
Fred : *Oh perish the thought ! I hate that word ! What would we do darling if all you women went with manageable ! No no no ! You provide the hair darling and we'll do the managing !*
Vous : *O.k. haha, thanks !*

Vocabulaire

Well hello again : Rebonjour !

I see you can't live without me : Je vois que vous ne pouvez pas vivre sans moi.

I guess not : Ça doit être ça.

But I'm here for my hair this time : Mais je suis là pour mes cheveux, cette fois-ci.

A cut : Une coupe.

Or something more fabulous : Ou quelque chose de plus glamour.

Oh definitely something more fabulous : Oh quelque chose de plus glamour, bien évidemment.

What do you suggest ? : Vous suggérez quoi ?

A chignon would look great on you : Un chignon vous irait à merveille (le vrai mot pour chignon en anglais, c'est *bun*, mais puisqu'il est plutôt associé à des brioches (qui se disent aussi *buns*) et aux fesses (qui se disent *buns* en argot US) ou alors aux chignons d'institutrices d'avant-guerre, on préfère le mot *chignon* à la française, ça fait bien plus chic...)

Or even a very short cut : Ou une coupe très courte.

Like a bob : Comme une coupe au bol.

Dramatic hair color : Une couleur de cheveux qui en jette.

You ever thought of coloring those thick locks ? : Vous avez pensé à une couleur pour ces mèches épaisses (*lock of hair* : mèche de cheveux) ?

I tend to avoid artificial products : J'ai tendance à éviter les produits non naturels.

My hair's pretty delicate that way : Mes cheveux sont assez délicats, en fait.

Oh no fear honey ! : Oh pas de souci, chérie !

Uncle Freddie uses only the finest : Tonton Freddie n'utilise que les meilleurs (produits) (*the finest* : les meilleurs).

You want to know what I think ? : Tu veux savoir ce que je pense ?

Hit me : Allez, balance ! (Littéralement : « Frappe-moi ! ») (Voir note plus bas sur les expressions de sport/sexuelles.)

I say we cut it a little to take out the frizzies : Je propose que nous coupions un peu pour enlever les frisotis (*frizzies* est un mot inventé par Fred ici, sinon on dira plutôt *the friz* ou *the frizziness*).

And to give it some body : Pour donner un peu de volume.

Then, we add some highlights : Puis on ajoute quelques mèches/reflets.

For a little shine : Pour un petit effet brillant.

Brush it out : On fait un brushing.

You're hot to trot : Vous êtes super sexy (*hot to trot* : vulgaire pour sexy/chaude).

What color did you have in mind ? : Quelle couleur pensiez-vous choisir ?

Oh this lovely new shade called winter honey : Oh, cette nouvelle couleur sublime appelée « miel d'hiver ».

Perfect for your natural brown : Parfaite pour votre (couleur de cheveux) brun naturel.

BEAUTÉ, SANTÉ ET HYGIÈNE

I love it : J'adore.

But seriously, you should try cutting it real short sometimes : Mais plus sérieusement, vous devriez essayer de les couper très courts un de ces jours.

You'd look incredible : Vous seriez *magnifique* (il aurait pu dire *gorgeous*).

I tried that last year : J'ai essayé ça l'année dernière.

But I like it longer now for some reason : Mais je les aime plus longs maintenant, je ne sais pas pourquoi.

Makes you look more stylish : Ça vous rend plus élégante.

For sure : C'est sûr (américanisme).

And you can do more stuff with long hair : Et on peut faire plus de choses avec des cheveux longs

I've tried it all : J'ai tout essayé.

Now, I want something more manageable : Maintenant je veux quelque chose de plus pratique (*manageable* : gérable).

Oh perish the thought ! : Tout sauf ça ! Ne dites jamais ça (expression idiomatique qui fait très *Blanche Dubois*) !

I hate that word : Je déteste ce mot.

What would we do darling if all you women went with "manageable" ? : Que deviendrions-nous, nous autres coiffeurs, chérie, si toutes les femmes vous préfériez les coupes pratiques ?

You provide the hair darling and we'll do the managing : Je préfère que (il vaut mieux que) vous fournissiez les cheveux, chérie, et que nous nous occupions du reste.

À SAVOIR

Plusieurs expressions en anglais (surtout en américain) sont empruntées au monde du sport, certaines à connotation sexuelle comme *sock it to me,* qui signifie « Vas-y, envoie ! » (*sock it* : battre une balle très fort) ; ou *hit me,* qui signifie aussi « Vas-y, envoie ! » et d'autres *sans* connotation sexuelle comme *to pitch an idea* (*to pitch* : « lancer la balle » au baseball) est utilisé pour dire « vendre, faire la promotion d'une idée » ; et *to shoot something across* (*to shoot* : lancer un ballon de basket) pour dire « envoyer/expédier quelque chose ».

LA GRAMMAIRE DES PARESSEUSES

Never signifie *jamais* dans le sens négatif : *I have never cut my hair very short*, « Je n'ai jamais coupé très courts mes cheveux », *Jane has never been to France*, « Jane n'a jamais été en France ». Mais *ever* signifie *jamais* au sens positif : *Have you ever been to Paris*, « As-tu *déjà* été à Paris ? » ; *I don't think he has ever been*, « Je ne pense pas qu'il y soit jamais allé. »

La santé et l'hygiène

Après avoir fait le tour des restaurants, des bars, des boîtes ; après avoir passé des après-midi entiers chez l'esthéticienne, le coiffeur, il serait peut-être temps de vous intéresser un peu à votre santé ? Imaginez qu'en vacances en Irlande vous souffriez soudain d'une rage de dents, comment allez-vous expliquez ça au dentiste pour vous faire soigner ? Allez, courage, il faut que vous sachiez décrire vos maux et trouver le bon remède...

Commençons par la pharmacie

Hi, I've cut myself and I think it's infected, is there anything I can take for it ? Can you give me something for it ?	Bonjour, je me suis coupée et je crois que ça s'est infecté, qu'est-ce que je pourrais prendre pour (soigner) ça ? Vous pouvez me donner quelque chose pour (soigner) ça ?
Excuse me, I've got a really bad allergy*, do you have anything for it ?	Excusez-moi (bonjour), je souffre d'une forte réaction allergique, vous pouvez me donner quelque chose pour ça ?
Hi, I have really bad heartburn, can you recommend something for it ?	Bonjour j'ai de très fortes brûlures d'estomac, vous pouvez me recommander quelque chose ?
Hi, I'm looking for something for a migraine headache (please) ?	Bonjour, je cherche quelque chose pour une migraine, s'il vous plaît.
Can you give me something for pain ? I have a really bad toothache...	Vous pouvez me donner quelque chose contre la douleur ? J'ai une terrible rage de dents...
Can I get a strong painkiller over the counter ?	Vous pouvez me donner un calmant fort sans ordonnance ?
Can you give me something to stop the bleeding ?	Vous pouvez me donner quelque chose pour arrêter le saignement ?

* *allergy* signifie *réaction allergique* mais souvent quand on dit *I have bad allergies* ou *I have a really bad allergy* on parle du rhume des foins.

Attention aux effets secondaires...

Hi, do you have any bandaids please ?	Bonjour, vous avez des pansements s'il vous plaît ?
Excuse me, I'm looking for some homeopathic medicines, do you have any ?	Bonjour, je cherche des médicaments homéopathiques, vous en avez ?
Hi, I'd like some multivitamins please ?	Bonjour, je voudrais des multivitamines s'il vous plaît.
Um, some Vitamin C please ? The chewable kind ?	Euh, de la vitamine C, s'il vous plaît ? À croquer ?
How many times a day do I take this ?	Je prends ça combien de fois par jour ?
Can I take two at a time ?	Je peux en prendre deux à la fois ?
What's the maximum I can take per day ?	C'est quoi le maximum par jour ?
Does it have/are there any side effects ?	Il y a des effets secondaires ?
Do I have to avoid alcohol (while I'm taking it) ?	Il faut que j'évite de boire de l'alcool (pendant le traitement) ?
Is it safe ?	C'est un médicament sûr ?
Do I need a prescription for it ?	J'ai besoin d'une ordonnance ?
Is this covered (by my health insurance*) ?	C'est couvert par mon assurance ? (je peux me faire rembourser par la Sécu ?)
How much ?	C'est combien ?
Can I pay by card ? by traveler's checks ?	Je peux payer par carte ? avec des chèques de voyage

* Il y a divers systèmes d'assurance maladie dans les pays anglo-saxons... privés (US), publics (Canada), ou un mélange des deux (GB, Australie).

BEAUTÉ, SANTÉ ET HYGIÈNE

PARLONS UN PEU !

Vous êtes allée au restaurant avec Dave et vous avez un peu trop mangé... Vous devez donc aller à la pharmacie pour acheter de quoi soulager vos maux de ventre...

Vous : *Hi*
Pharmacien : *Hello, how can I help you ?*
Vous : *Well, I think I ate too much last night and I have a really bad stomach ache...*
Pharmacien : *Ok, is it like cramps ?*
Vous : *I don't understand...*
Pharmacien : *Spasms ?*
Vous : *Yes, and it burns a bit...*
Pharmacien : *Oh heartburn... Did you drink a lot of alcohol ?*
Vous : *Yes I did...*
Pharmacien : *Do you have diarrhea ?*
Vous : *No, it just hurts every now and then... Like you said, a cramp, it's pretty bad...*
Pharmacien : (sortant un produit) *Well this is for heartburn and acidity, indigestion generally... It should be ok. Would you like chewable tablets or something that dissolves in water ?*
Vous : *Whatever you recommend...*
Pharmacien : *Ok, are you allergic to aspirin ?*
Vous : *No...*
Pharmacien : *Well then, this should do it ! If you have any more trouble let me know...*
Vous : *Ok thanks...*
Pharmacien : *And if it persists you might need to go see a doctor...*
Vous : *All right thank you, bye bye !*
Pharmacien : *Bye bye...*

Vocabulaire

I think I ate too much last night : Je pense que j'ai trop mangé hier soir.

I have a really bad stomach ache : J'ai vraiment très mal au ventre (*stomach ache* : mal de ventre ; ache se prononce *aik*).

Cramps : Douleurs spasmodiques (coliques, douleur des règles ; mais aussi crampes dans les jambes).

It burns a bit : Ça brûle un peu.

Heartburn : Sensation de brûlures dans le ventre.

Diarrhea : Diarrhée.

It just hurts every now and then : Ça fait mal de temps en temps.

It's pretty bad : C'est assez sévère.

This is for : C'est pour ça (C'est fait pour...).

Acidity : Acidité, excès d'acides dans l'estomac.

Indigestion : Troubles digestifs.

It should be ok : Ça devrait être bon.

Chewable tablets : Comprimés à croquer.

Something that dissolves in water : Comprimés qui se dissolvent dans l'eau, effervescents.

Whatever you recommend : Tout ce que vous (me) recommanderez...

Are you allergic ? : Êtes-vous allergique ?

This should do it : Ça devrait suffire.

If you have any more trouble let me know : Si vous avez encore des problèmes, faites-le moi savoir.

If it persists you might need to go see : Si ça continue vous allez peut-être devoir aller consulter (voir un médecin).

Remarque : *Whatever* se traduit par *n'importe quoi, ce que, tout ce que, comme/si vous voulez, ouais...* Une expression omniprésente surtout chez les jeunes : (les parents demandent si leur fille veut dîner avec eux) *Do you want to have dinner with us tonight Sally ?* (la jeune fille répond :) *Yeah whatever !*, « Ouais bon si vous voulez… » ; (les parents disent à leur fils qu'il faut qu'il travaille plus :) *You need to work harder Billy !* (le garçon répond :) *Whatever !*, « Ouais, c'est cela… »

À SAVOIR

La différence entre *pain* et *ache* : *ache* fait allusion à un mal qui peut être sourd, lourd, profond et lancinant, comme les maux de ventre, de tête, de dents, etc., mais qui est passager et tout compte fait, en général, pas grave. *Pain* a un sens beaucoup plus large, on l'utilise pour parler de la douleur en général, une douleur qui pourra être sévère et parfois difficile à cerner. On dira : *I have pain in my leg*, « J'ai mal à la jambe » ; mais : *I have a headache/toothache/stomach ache…*, « J'ai mal à la tête/à une dent/à l'estomac… » À noter : on dit *I have pain* (sans article avant *pain*), mais *I have a headache* (avec l'article indéterminé *a* devant *ache*, ici *headache*). On dira aussi : *My leg hurts, My back hurts*, « Ma jambe/mon dos me fait mal. »

Ça me fait mal…

It itches.	Ça me démange.
It burns.	Ça me brûle.
It hurts, I have pain in (my)…	Ça me fait mal, J'ai mal à la / au… !
It's bleeding (it's been bleeding since…).	Ça saigne (ça saigne depuis…).
My head hurts/aches, My stomach hurts/aches, My foot hurts !	J'ai mal (à la tête, à l'estomac, au pied).
I have cramps/a migraine (headache).	J'ai des crampes/une migraine.
I cut myself.	Je me suis coupée.
I hurt myself (I hurt my hand…).	Je me suis fait mal (à la main…).

CHAPITRE 5

LA GRAMMAIRE DES PARESSEUSES

Since signifie *depuis*, mais aussi *puisque* : *I've been bleeding since last week*, « Je saigne *depuis* la semaine dernière » ; *I'll give you a painkiller since you say it's an emergency*, « Je vais vous donner cet antalgique *puisque* vous dites que c'est une urgence. »

Les mots pour les maux...

Allergy (skin allergy, hay fever)	Allergie (à propos de la peau, rhume des foins)
Backache, lumbago	Mal de dos, lumbago
Bleeding	Saignement
Cold (to have a cold)	Rhume (être enrhumé)
Fever and body ache	Fièvre et courbatures
Flu (influenza)	Grippe
Gastroenteritis (upset stomach)	Gastroentérite
Headache	Mal de tête
Heartburn	Brûlure d'estomac
Hemorrhoids (US), piles (GB) (mais on dit aussi hemorrhoids en GB)	Hémorroïdes
Indigestion, dyspepsia	Troubles digestifs, dyspepsie
Irritation (in the eye, of the gums)	Irritation (des yeux, des gencives)
Menstrual cramps	Douleurs des règles
Sore throat (strep throat, US) (pharyngitis, laryngitis)	Mal de gorge (pharyngite, laryngite)
Sprain (sprained ankle)	Entorse (à la cheville)
Stiff neck, torticolis	Torticolis
Stomache ache	Douleurs d'estomac
Toothache	Rage de dents

BEAUTÉ, SANTÉ ET HYGIÈNE

UTI (urinary tract infection)	Infection urinaire
Vaginal infection, yeast infection (fungal)	Infection vaginale (champignons)
Virus	Virus
Vomiting (to be sick, to throw up)	Vomissements (vomir)
Wound	Blessure

PARLONS UN PEU !

Rien ne va plus avec Dave ! Vous êtes sortie avec lui et vous voilà maintenant chez le médecin.

Vous : *Hi, I have an appointment with Dr. Gerder ?*
Secrétaire : *Your name please ?*
Vous : *Marybel Gand...*
Secrétaire : *Is this your first time seeing Dr. Gerder ?*
Vous : *Yes it is...*
Secrétaire : *Ok, do you have any kind of insurance ?*
Vous : *Yes, I have French medical insurance and also a special insurance from my tour operator...*
Secrétaire : *Ok can I have a look at that please ?*
Vous : *Sure...*
(Elle regarde les papiers.)
Secrétaire : *Ok I'm not familiar with either of these two documents so you'll have to pay for today's appointment in full please...*
Vous : *Oh ! Well I wasn't expecting that, how much will it be ?*
Secrétaire : *Um seventy dollars...*
Vous : *Seventy dollars ! Um, ok ! Do you take travelers' checks ?*
Secrétaire : *No, we don't take those either, but I suppose we could make an exception... Could you hold on please ?*
Vous : *Sure...*
(Elle appelle quelqu'un.)

Secrétaire : O.k. it should be fine... So if you could just fill this out please ? Then take a seat, and the doctor'll see you when she's ready...
Vous : *O.k...*
(Vous vous asseyez.)

Vocabulaire

Is this your first time seeing... ? : C'est la première fois que vous venez consulter ?

Do you have any kind of insurance ? : Vous avez une assurance quelconque ?

Medical assurance : Assurance maladie (aussi *health insurance*).

Can I have a look at that please ? : Je peux regarder, s'il vous plaît ?

I'm not familiar with either of these two documents... : Je ne connais aucun de ces deux documents...

You'll have to pay for today's appointment in full : Vous devrez régler la consultation dans sa totalité.

I wasn't expecting that : Je ne m'y attendais pas.

How much will it be ? : Ce sera combien ?

Do you take travelers' checks ? : Prenez-vous les travellers cheques ?

No, we don't take those either : Non, nous ne prenons pas cela non plus.

I suppose we could make an exception : Mais nous pourrions faire une exception.

If you could just fill this out please... : Si vous pouvez remplir cet imprimé, s'il vous plaît...

Take a seat : Asseyez-vous.

The doctor'll see you when she's ready : Le médecin vous verra dès qu'elle sera prête.

LA GRAMMAIRE DES PARESSEUSES

Neither / either : *Either* s'emploiera pour aucun, non plus et n'importe lequel. *I don't know **either** of these two girls*, « Je ne connais aucune de ces deux filles » ; *I don't know her **either*** « Je ne la connais pas non plus ».

Chez le médecin vous direz

I have pain in my lower abdomen...	J'ai mal dans le bas du ventre.
My eyes burn every morning... It feels like I have something in my eye...	Mes yeux me brûlent tous les matins... C'est comme si j'avais quelque chose dans l'œil...
My hand hurts when I write.	J'ai mal à la main quand j'écris.
I have really bad pain in my back.	J'ai très mal au dos.

Remarque : Pour décrire un mal, on peut employer des mots comme *really, pretty, quite, not that* et *bad... My hand hurts pretty bad*, « J'ai vraiment mal à la main », *My headache's really bad this time*, « Cette fois-ci mon mal de tête est vraiment sévère », *My toothache isn't that bad but it's really irritating*, « Ma rage de dents n'est pas trop douloureuse mais vraiment gênante. » N'oubliez pas non plus qu'en anglais toute partie du corps doit être précédée du possessif : *My head hurts*, « J'ai mal à la tête », *My hands itch*, « J'ai les mains qui me démangent. »

Le médecin vous demandera/dira

Does it hurt here ?	Ça vous fait mal ici ?
How long have you had this pain ?	Depuis quand avez-vous cette douleur ?
If you would undress please ?	Déshabillez-vous, s'il vous plaît...
Sit down/lie down here...	Asseyez-vous/allongez-vous ici...
Have you been tested recently ?	Vous avez été testée récemment ?
Take this for three days, twice a day...	Prenez ça pendant trois jours, deux fois par jour...
(Are) You allergic to anything ?	Vous êtes allergique à quelque chose ?
Have you ever taken this medicine before ?	Vous avez déjà pris ce medicament ?
Take this only after you eat/after lunch and dinner...	Prenez ça après manger/après les repas...
Drinks lots of water...	Buvez beaucoup d'eau...
Avoid direct sunlight...	Évitez de sortir sous le soleil...
I'm going to check your blood pressure...	Je vais prendre votre tension artérielle...
Your blood pressure is high/normal/low...	Vous avez une tension élevée/normale/basse...
I'm going to prescribe...	Je vais vous prescrire...
Avoid sex for five days...	Évitez les rapports (sexuels) pendant cinq jours...
I'm going to prescribe full bed rest...	Je vais vous demander d'être alité le plus possible...

Vous direz

I think I'm allergic to this medicine...	Je crois que je suis allergique à ce medicament...
Can I take that in tablet form ?	Je peux le prendre sous forme de comprimés ?
How long is the treatment/course ?	Combien de temps dure le traitement ?
Are there any side effects ? Does this drug have any side effects ?	Est-ce qu'il y a des effets secondaires ? Ce médicament a-t-il des effets secondaires ?
Do I have to take this for five days ?	Je dois le prendre pendant cinq jours ?
Do I have to eat something before I take it ?	Je dois manger quelque chose avant de le prendre ?
Can I drink alcohol with it (this treatment) ?	Je peux boire de l'alcool avec ?
Can I continue to run ?	Je peux continuer à courir ?
Can I keep going to work ?	Je peux aller au travail ?

Et encore une fois, le plus important

How much do I owe you ?	Je vous dois combien ?
Um, how much please ?	Euh, c'est combien s'il vous plaît ?

CHAPITRE 5

DIX FAÇONS DE RESTER BELLE ET SAINE *IN ENGLISH*

1. Achetez du maquillage.

Hi, I'm looking for long-lasting mascara, please / Hello, I'm looking for lip gloss / Do you have any... ? / Hi, would you happen to have this brand of kohl pencil ?

2. Faites-vous aider, au salon de beauté.

Hello I need a wax please but I don't have an appointment / Hello, I have a waxing appointment for four fifteen / Hi, I wanted to know if I could get an appointment for tomorrow / Hi would it be possible to get a manicure/a wax right now ? / How much do I owe you please ?

3. Parlez bronzage.

I'm looking for a tanning salon / I need to get a tan, tanning creams, sunscreen, tanning booth / I'd like to get a tan please / Screen yourself from harmful ultraviolet rays.

4. Allez au salon de coiffure.

I'd like a hair cut please / Hi, do you think I could get a hair cut right now ? / Without an appointment ? / Hi, I need my hair to be brushed out because I have a party tonight / D'you think it would be possible right now ? / Where can I leave a tip ?

5. Parlez coiffure.

Hi, I need to get my hair colored... / Hi, I'd like to get my hair trimmed / Hello, I want to get a perm, do you do those / I want to change my hair style, do you have any ideas ? / Oily hair, straight hair, highlights / I want to get my hair colored, hair straightener...

6. La santé : demandez ce que vous voulez à la pharmacie.

Hi, I've cut myself and I think it's infected, is there anything I can take for it ? / Excuse me, I've got a really bad allergy, do you have anything for it ? / Hi, I'm looking for something for a migraine headache / Can you give me something for a toothache ?

BEAUTÉ, SANTÉ ET HYGIÈNE

7. Sachez demander ce dont vous avez besoin.

Painkiller (analgesic), side effects, to be allergic to / Hi do you have any bandaids please ? / I'd like some multivitamins please / Excuse me, I'm looking for some homeopathic medicines, do you have any ? / Um, some Vitamin C please ? / The chewable kind ? / How many times a day do I take this ? / What's the maximum I can take per day ? / Does it have/are there any side effects ? / How much ?

8. Sachez décrire votre mal.

It itches ; it's bleeding (it's been bleeding since...) ; my head hurts/aches ; my stomach hurts/aces ; my foot hurts ; I have pain in my lower abdomen ; My eyes burn every morning ; I have really bad pain in my back.

9. Comprenez le médecin.

Does it hurt here ? / If you would undress please ? / Sit down/lie down here... / Take this only after you eat/after lunch and dinner / Avoid sunlight, I'm going to prescribe...

10. N'ayez pas peur de parler au médecin.

I think I'm allergic to this medicine / How long is the treatment/course ? / Do I have to eat something before I take it ? / Can I drink alcohol with it (this treatment) ? / How much do I owe you ? / Can I continue to run ? / Can I keep going to work ?

chapitre 6

La vie quotidienne

LA VIE QUOTIDIENNE

Ainsi va la vie...

Vous devez déménager pour le boulot ? Vous partez faire une formation à Bristol. Ou peut-être avez-vous trouvé le grand amour en Alaska ? Bref, il faut y vivre : faire les courses, la cuisine, acheter des timbres, ouvrir un compte en banque. Et tout cela en anglais, bien entendu ! Ainsi donc, commence le grand dépaysement...

Les courses

Bien sûr ! On ne pouvait pas commencer un chapitre sur la vie quotidienne sans aborder l'essentiel : le *shopping*... Mais ici, il ne va pas encore être question d'aller s'acheter une jolie robe, une nouvelle paire de chaussures, on y viendra plus tard ; non, ici, il s'agit de cette activité si essentielle et pourtant parfois (pas toujours) si pénible et qui a pour nom : les courses !

At the supermarket

Oui, vous le saviez déjà, supermarché se dit *supermarket*... Appelé aussi *grocery store* aux États-Unis et *the shops* en Angleterre. Mais connaissez-vous les *24-hour convenience stores* des Américains ? Que les Anglais, eux, appellent plutôt des *corner shops* (équivalents de nos épiceries du coin...). Il y en a bien d'autres, mais commençons par le plus simple !

PARLONS UN PEU !

Vous voulez préparer un repas « cordon bleu » pour Tony, le beau gars rencontré à la fête du chapitre 4 (vous vous souvenez, celui que vous vouliez... cuire à point !). Alors, en route pour quelques courses...

CHAPITRE 6

(Vous arrivez dans le parking du supermarché.)
Vous : *Hi can I park here ?*
Assistant : *Only for shoppers Ma'am...*
Vous : *Then it's ok ! Because I'm going to the grocery store !*
(Arrivée au supermarché...)
Vous : *Hi, do you have any more carts ?*
Assistant : *Oh sure, you should find them right round the corner there...*
Vous : *Thanks...*
Assistant : *No problem...*
(Vous faites le tour.)
Vous : *Excuse me I'm looking for the fish section ? Do you have fresh fish ?*
Assistant : *Um yes we do, it's right at the end there, past the poultry...*
Vous : *Thanks...*
Assistant : *Sure...*
Vous : *Hi, sorry to bother you but I can't seem to find any limes, do you know where they might be ?*
Assistant : *Um, yeah try the foreign foods section, you'll find limes, ginger, soy sauce and stuff like that...*
Vous : *Thanks...*
Assistant : *You're welcome...*
(Vous vous dirigez vers le rayon poissonnerie.)
Vous : *Hi, do you have salmon steaks please ?*
Vendeur : *Sure Ma'am, right here, how many would you like ?*
Vous : *Oh just two should be enough...*
Vendeur : *Ok, here you go, have a nice day !*
(Vous cherchez une caisse « moins de dix articles ».)
Vous : *I'm sorry do you have a special check-out counter for less than ten items ?*
Assistant : *Right over there Ma'am, near the door...*
Vous : *Thank you...*
(Vous vous dirigez vers les caisses.)
Caissière : *Hi will that be cash or charge ?*
Vous : *Charge please...*
Caissière : *Do you have our Tafeway card ?*
Vous : *No I don't...*

Caissière : Would you like paper or plastic ?
Vous : *Paper please...*
Caissière : That's forty-nine eighty-four please...
(Vous lui tendez votre carte.)
Caissière : Thank you... Here you go, sign here please...
Vous : *Thank you...*
(Vous lui re-tendez votre carte.)
Caissière : Here you go, Ma'am, here's your receipt, you have a nice day...
Vous : *Thanks...*

....

Vocabulaire

Hi can I park here ? : Je peux me garer ici ?

Only for shoppers Ma'am : C'est réservé aux clients du supermarché, madame (*it's* only for...)

I'm going to the grocery store : Je vais au supermarché.

Do you have any more carts ? : Vous avez encore des Caddies ?

You should find them right round the corner there : Vous devriez les trouver au coin là-bas.

I'm looking for the fish section : Je cherche le rayon poissonnerie.

Do you have fresh fish ? : Avez-vous du poisson frais ?

It's right at the end there : C'est au bout là-bas.

Past the poultry : Après (le rayon) volaille.

Sorry to bother you : Désolée de vous déranger.

I can't seem to find any limes : Je ne trouve pas de citrons verts.

Do you know where they might be : Savez-vous où je pourrais les trouver ?

CHAPITRE 6

Try the foreign foods section : Essayez le rayon de produits étrangers (exotiques).

You'll find limes, ginger, soy sauce... : Vous y trouverez des citrons verts, le gingembre, sauce soja...

Stuff like that : Des trucs comme ça.

You're welcome : De rien.

Do you have salmon steaks ? : Avez-vous des pavés de saumon ?

Right here : Ici même.

How many would you like ? : Combien en voulez-vous ?

Oh just two should be enough : Oh deux, ça devrait suffire.

Here you go : Voici.

Have a nice day : Bonne journée.

I'm sorry : Excusez-moi, désolée de vous déranger mais...

Do you have a special check-out counter for less than ten items : Avez-vous une caisse spéciale pour moins de dix articles ?

Right over there Ma'am, near the door : Juste là, madame, près de la porte.

Hi, will that be cash or charge : Bonjour, (vous payez) par carte ou espèces ?

Charge please ? : Par carte, s'il vous plaît...

Do you have our Tafeway card ? : Vous avez la carte Tafeway (du magasin) ?

Would you like paper or plastic : Vous voulez un sac en papier ou plastique ? (Question très courante aux États-Unis.)

That's forty-nine eighty-four please : Ça vous fait quarante-neuf (dollars et) quatre-vingt-quatre (cents), s'il vous plaît.

Here you go, sign here please : Voici (votre reçu), signez ici, s'il vous plaît.

Here's your receipt : Voici votre reçu.

À SAVOIR

Pour dire « de rien » : on peut répondre à *Thanks* ou *Thank you* de plusieurs façons. Pour parler très poliment on dira : *You're welcome*, *It's my pleasure*, *My pleasure*, *It's no problem at all*, *Not at all* ; et dans un registre plus amical on dira : *You're welcome*, *Welcome*, *Anytime*, *Sure*, *Pleasure* ; et dans un registre un peu plus familier on dira : *No sweat*, *Sure thing*, *Anytime*, *No problem*...

La maison et le *lifestyle*

Rester confinée chez soi, cuisiner, faire la vaisselle, briquer... C'est fini tout ça ! Vive la liberté de créer, de se reposer, de contempler avec plaisir ses beaux meubles... En un mot, vive le *lifestyle* ! On peut toujours rêver, non ?

Cuisiner

Dans le temps, on disait *cookery* pour la « cuisine » et *home management* pour « s'occuper de la maison » ; aujourd'hui, beaucoup plus chic, on parle de *cooking* et de *lifestyle*... Il faut dire qu'autrefois il s'agissait d'apprendre aux jeunes filles (*young ladies*) à devenir de parfaites femmes au foyer (*home-makers*), alors qu'aujourd'hui, on tente de faire de nous des séductrices, des artistes en cuisine, rien de moins ! Un petit conseil si vous voulez devenir une cuisinière très tendance, vous devez absolument vous mettre à la cuisine exotique. Alors, en route pour le tablier et la spatule !

PARLONS UN PEU CUISINE !

Ça y est, vos courses sont faites ! Vous avez trois heures devant vous avant que Tony arrive. Voyons un peu cette recette...

Brazilian Fish Stew (serves two)
Ingredients
two fresh salmon steaks (or any meaty fish)
extra virgin olive oil (one tablespoon)
two limes (zest and juice)
two red onions
spring onions (one bunch, with the green stalks)
garlic (two or three cloves)
coconut milk (two cups)
cachaça (or white rum if not available, two tablespoons)
fresh coriander leaves (one bunch)
one hot pepper (green or red)
one red bell pepper
paste of yuca or tapioca root (or one mashed potato if not available)
sweet potato (one medium sized)
salt (to taste)
sugar (1/2 teaspoon)
rice (one cup)

Squeeze the juice from the two limes and chop one clove of garlic finely to form a paste. Mix the juice and garlic paste. Marinade the salmon in this mixture for half an hour. Chop red onions into thin slices and separate white onions from green stalks. Dice remaining garlic and fry gently in olive oil along with onions until light red in color. Grill salmon separately until tender and juicy, then remove. Douse garlic and onion in cachaça and add finely chopped hot pepper and finely sliced bell pepper. Lower flame so that the base remains liquid. Add paste of yuca (made by boiling fresh yuca and mashing like a potato) or mashed potato (if yuca is unavailable) to the sauce. Add coconut milk and salt, bring gently to boil then instantly lower flame and simmer for ten minutes. Add lime zest, loosely chopped coriander leaves and finely chopped green onion stalks

and take off flame. Chop sweet potato into thick round slices to be lightly fried in butter or oil (or boil them if you prefer). Place salmon in a wide shallow serving dish and cover in the coconut milk sauce, serve with fried sweet potato and boiled rice. Serves two (generous portions).
Serving suggestions : to really get your dinner partner's juices flowing, begin by serving caipirinhas and tapioca chips with a red hot salsa and top up the meal with cool rice pudding or caramel ice cream !

Vocabulaire

stew : ragoût (sauce)

serves two : pour 2 personnes

two fresh salmon steaks : deux pavés de saumon bien frais

or any meaty fish : ou un autre type de poisson avec une chair ferme

extra virgin olive oil : huile d'olive extra vierge

tablespoon : cuillère à soupe

two limes (zest and juice) : deux citrons verts (zeste et jus) (*lime* : citron vert, *lemon* : citron jaune)

red onions : oignons rouges

spring onions (one bunch with green stalks) : oignons blancs (une botte avec les tiges vertes)

garlic (two or three cloves) : ail (deux ou trois gousses)

coconut milk (two cups) : lait de coco (deux tasses)

cachaça (or white rum if not available) : cachaça (ou du rhum blanc si vous n'en trouvez pas)

fresh coriander leaves : feuilles de coriandre fraîches

one bunch : une botte

one hot pepper (green or red) : un piment fort (vert ou rouge)

one red bell pepper : un poivron rouge (bell pepper : poivron)

paste of yuca or tapioca root (or one mashed potato if not available) : pâte de yuca ou racine de tapioca (ou la purée d'une pomme de terre si vous n'en trouvez pas)

sweet potato (one medium sized) : patate douce (une, de taille moyenne)

salt : sel

sugar : sucre

teaspoon : cuillère à café

rice (one cup) : riz (une tasse)

Squeeze the juice from the two limes and chop one clove of garlic finely to form a paste : Pressez les citrons verts et écrasez l'ail (*paste* : pâte).

Mix the juice and garlic paste : Mélangez l'ail écrasé au jus de citron.

Marinade the salmon in this mixture for half an hour : Faites mariner le saumon dans ce mélange pendant une demi-heure.

Chop red onions into thin slices and separate white onions from green : Coupez les oignons rouges en fines tranches et séparer les tiges vertes des oignons blancs.

Dice remaining garlic and fry gently in olive oil along with onions : Coupez l'ail qui reste et faites revenir dans l'huile d'olive avec les oignons.

Until light red in color : Jusqu'à ce que le mélange soit légèrement caramélisé (d'une couleur rouge clair).

Grill salmon separately until tender and juicy : faites griller le saumon séparément jusqu'à ce qu'il soit tendre et juteux.

Douse garlic and onion in cachaça : Faites tremper l'ail et l'oignon dans la cachaça.

Add finely chopped hot pepper and finely sliced bell pepper : Ajoutez le piment finement haché et le poivron finement tranché.

Lower flame so that the base remains liquid : Baissez le feu pour que le mélange reste liquide.

Add paste of yuca (made by boiling fresh yuca and mashing like a potato) : Ajoutez la pâte de yuca (préparée en faisant bouillir le yuca puis l'écraser).

Or mashed potato (if yuca unavailable) : Ou de la purée (si vous ne trouvez pas de yuca).

Bring gently to boil : Faites doucement porter à ébullition.

Then instantly lower flame and simmer for ten minutes : Puis baissez tout de suite le feu pour faire cuire (réduire) à feu doux pendant dix minutes.

Take off flame : Sortez du feu.

Loosely chopped : (les feuilles de coriandre) grossièrement ciselées.

And finely chopped green onion stalks : Et les tiges vertes des oignons finement coupées.

Chop sweet potato into thick round slices to be lightly fried in butter or oil : Coupez la patate douce en tranches (rondes et) épaisses que vous ferez frire dans du beurre ou de l'huile.

Or boil them if you prefer : Ou faites-les bouillir si vous préférez.

Place salmon in a wide shallow serving dish and cover in the coconut milk sauce : Posez le saumon dans un grand plat de service peu profond et couvrez avec la sauce coco.

Serve with fried sweet potato slices and boiled rice : Servez avec les tranches de patates douces et le riz.

Serves two (generous portions) : Pour deux (belles portions/portions copieuses).

Serving suggestions : Suggestions de présentation.

To really get your dinner partner's juices flowing : Pour bien préparer la soirée (bien chauffer votre partenaire de soirée, *to get his juices flowing* : (littéralement...) faire couler ses jus).

Begin by serving caipirinhas and tapioca chips with a red hot salsa : Commencez en servant des caipirinhas et des chips de tapioca avec une *salsa* bien piquante.

And top up the meal with cool rice pudding or caramel ice cream : Et terminez le repas avec un bon gâteau de riz ou de la glace au caramel.

Le bon tour de main...

Remove (from flame)...	Sortez (du feu)...
Separate the yolk from the white...	Séparez les jaunes d'œufs...
Add spice mixture...	Ajoutez le mélange d'épices...
Chop finely...	Coupez finement...
Cut/chop into thin slices...	Coupez en fines tranches...
Stir the mixture...	Remuez le mélange...
Place salmon in a frying pan/in a dish...	Posez le saumon dans une poêle/un plat...
Serve with...	Servez avec...
Lower (the) flame and...	Baissez le feu et...

Cover and simmer gently...	Couvrez et faites réduire doucement...
Fry vigorously (on a high flame)...	Faites revenir vigoureusement (à feu élevé)...
Sprinkle with...	Parsemez de...
Reheat... Heat...	Réchauffez...
Garnish with...	Garnissez avec...

Hum, mais c'est très bon, ça !

I love this dish, how did you make it ?	J'adore ce plat, comment tu l'as fait ?
This fish is delicious ! What is it ?	Ce poisson est délicieux ! C'est quoi exactement ?
You must tell me how you made these potatoes... They're incredible !	Il faut que tu me dises comment tu as préparé ces pommes de terre ! Elles sont délicieuses !
This cake is great ! You have to give me the recipe !	Ce gâteau est délicieux ! Tu dois absolument me donner la recette !
Do you like the lasagne ? I made it myself !	Tu aimes/vous aimez les lasagnes ? Je les ai faites moi-même !
This is a very easy dish to make ! And it doesn't take very long either !	C'est un plat très facile à faire ! Et même pas très long !
Oh this is an old recipe my mother gave me !	Oh, c'est une vieille recette que ma mère m'a donnée !

CHAPITRE 6

Déco

Décorer se dit *to decorate* ou *decorating your place*... Voyons quelques astuces de la déco en anglais...

Do it yourself...

DIY, voici une sigle qui marche bien outre-Manche et outre-Atlantique. Cela veut dire faire la déco soi-même (depuis le petit bricolage jusqu'aux gros travaux), et on parle de *redoing your bedroom* (refaire sa chambre), *building a new patio* (construire une nouvelle terrasse/patio), *putting in a new kitchen* (installer une nouvelle cuisine), *making your own curtains* (se faire ses propres rideaux), *painting* (faire la peinture), *making shelves* (faire des étagères/bibliothèques), *putting in more storage* (se faire plus de rangements) et *giving your home a facelift* (donner un nouveau visage à sa maison).

Pour parler déco

I'm redecorating my house...	Je redécore ma maison...
I need some ideas for decorating my fireplace/mantel...	J'ai besoin de quelques idées pour décorer ma cheminée...
I prefer a minimalist style in my living room...	Je préfère le style minimaliste dans le séjour...
I like a cozy atmosphere in my bedroom and I find lighting helps...	J'aime avoir une ambiance chaleureuse dans ma chambre et je pense que l'éclairage y fait beaucoup...
I love your bathroom fixtures, where did you get them?	J'adore tes accessoires (robinetterie) de bain, tu les a trouvés où ?

LA VIE QUOTIDIENNE

It's really hard to find the right colors for your walls, don't you think ?	Trouver les bonnes couleurs pour les murs, c'est très difficile, non ?
This wallpaper is very ugly, I want to change it...	Ce papier peint est très laid, je veux le changer...

Let's go shopping !

Pourquoi s'échiner à apprendre l'anglais et à séduire en langue étrangère si on oublie le principal : aller s'acheter une superbe robe pour se faire belle ! Pour se faire plaisir tout simplement !

Les magasins

En anglais « magasin » se dit *store* (US), *shop* (GB) ou *boutique* selon ce qu'on y achète et à quel prix... On dira *store* pour un grand magasin, mais plutôt *boutique* pour un petit endroit très design, très *fashion*. Pour parler d'un grand magasin où on trouve toutes sortes de grandes marques on dira *department store*. Un centre commercial se dit *shopping center/centre*, *shopping mall* ou *mall*.

Pour essayer quelque chose

Can I try this on please ?	Je peux essayer ça, s'il vous plaît ?
Can I try this on somewhere ?	Je peux essayer ça quelque part ?
I'd like to try on this skirt please ?	Je voudrais essayer cette jupe, s'il vous plaît...
Try it on !	Essayez-la !

La taille

It doesn't fit !	Elle me va pas (au niveau de la taille)...
It's too small/tight (on the waist, the hips, the chest) !	C'est trop serré (ça me serre sur la taille, les hanches, la poitrine) !
It fits (me) perfectly !	Ça (la taille) me va parfaitement !

J'aime... Je prends...

I'm taking this, this blouse, this shirt, this top (please).	Je prends ça, ce chemisier, cette chemise, ce haut (s'il vous plaît).
No, I'm not taking that.	Non, je ne vais pas le prendre.
I (really) like, I love this shirt !	J'aime, j'adore cette chemise !
I don't like it...	Non, je n'aime pas...
It's lovely, gorgeous, really pretty, adorable !	C'est très beau, joli, mignon !
It looks great on you !	Ça te va super bien !
How does this look on me ? Does this look good on me ?	Tu crois que ça me va ? Ça me va ?
It makes me look fat !	Ça me grossit !
It makes you look thin ! It slims you !	Ça vous mincit !
This color really suits you.	C'est une couleur qui vous va très bien.
No I don't think so, I don't look good in it at all ! It doesn't suit me at all !	Non je ne pense pas, ça ne me va pas du tout !
I look awful in this !	Je suis affreuse là-dedans !

LA VIE QUOTIDIENNE

Remarque : On pourra dire *to try something* ou *to try on something* : *I'd like to try on this skirt* ou *I'd like to try this skirt on*.

LA GRAMMAIRE DES PARESSEUSES

Prépositions et adverbes ne manquent pas pour situer quelque chose dans l'espace : ... il y a par exemple *under* (sous), *over* (au-dessus de), *behind* (derrière), *in front of* (devant), *across from* (en face de), *next to* (à côté de), *on your right/on the right* (sur votre droite, à droite), *on your left/on the left* (sur votre gauche, à gauche) *lower* (inférieur, en bas), *upper* (supérieur, en haut), *toward/towards* (vers).

L'argent

Des choses aussi faciles que retirer de l'argent à la banque, en prendre dans un distributeur de billets, payer avec sa carte bleue, peuvent devenir de véritables casse-tête quand on se trouve à l'étranger. Imaginez un peu le cauchemar si pendant un week-end à Londres votre carte bleue se fait avaler par le distributeur de billets... Alors quelques mots pour savoir se débrouiller seront sûrement les bien venus.

PARLONS UN PEU !

Vous vous trouvez à Londres, vous faites un petit retrait d'espèces et le distributeur avale votre carte...

Vous : *Hi, can I speak to someone about the ATM please ? It just swallowed my card !*
Au guichet : *One moment... Your name please ?*
Vous : *Maïa Ouedraogo...*
Au guichet : *Do you have an account with us, Ms. Ouedraogo ?*
Vous : *Uh no I don't... I'm travelling, I'm from France...*
Au guichet : *O.k., just a minute...*
(Elle appelle quelqu'un ; un charmant jeune homme s'approche.)

CHAPITRE 6

Charmant jeune homme : *Hello, my name is Adil Farsi, can I help you ?*
Vous : *Well I was telling the young lady here I was making a cash withdrawal and my card got eaten up...*
Adil : *O.k., come this way please ?*
Vous : *Thanks.*
(Vous vous asseyez à son bureau.)
Adil : *Your name ?*
Vous : *Maïa Ouedraogo...*
Adil : *You're from France ?*
Vous : *Yes...*
Adil : *And you don't have an account with us right ? I mean our bank ?*
Vous : *No... Well I have an account with this bank but not this branch obviously...*
Adil : *O.k... What kind of card was it, Ms. Ouedraogo ?*
Vous : *A Fisa...*
Adil : *All right, let me check... (un peu plus tard) Ah yes, it says you typed in the wrong code...*
Vous : *No, I didn't type in the wrong code ! I cancelled the amount I wanted ! But instead of bringing me back to the main menu the machine just ate up my card !*
Adil : *Yes it tends to do that sometimes... It's like me ! It doesn't speak very good French !*
(Vous riez, le beau jeune homme sourit.)
Adil : *O.k., let me see what I can do...*
Vous : *Thank you...*
(Il repart puis revient.)
Adil : *O.k., do you have any identification Ms. Ouedraogo ? A passport perhaps...*
Vous : *Yes sure... Here !*
Adil : *Thanks... (il part et il revient) Well you're in luck ! Usually we don't return a card without proper verification with your bank in France but since you didn't actually make a transaction it should be ok...*
Vous : *Oh thanks so much, I really need that card...*
Adil : *Well, here you are !*
Vous : *Oh thank you so much ! I really really appreciate this !*
Adil : *No problem at all ! Just be a little careful next time !*
Vous : *I will ! So can I use the card ? It isn't damaged or anything is it ?*
Adil : *No it's fine ! Um, do you still need to withdraw money ?*
Vous : *Yes I do actually...*

Adil : *Well, why don't you write me a cheque and I'll see what I can do ?*
Vous : *Oh that's fantastic ! Thanks so much… Do I just write it out to myself ?*
Adil : *Yes, and I'll give you a temporary ATM card to use in the machine…*
(Plus tard.)
Vous : *Well, Mr. Adil thank you so much ! I wish we had service like this in France !*
Adil : *Oh, I'm sure you do… Um, one question…*
Vous : *Yes ?*
Adil : *I mean I don't usually do this but… And I don't want you to take this the wrong way… But… you wouldn't be free for lunch, would you ?*
Vous : *Sure ! And I don't want you to take that the wrong way either !*

Vocabulaire

Hi, can I speak to someone about the ATM please ? : Bonjour je peux parler à quelqu'un à propos du distributeur automatique, s'il vous plaît ?

It just swallowed my card : Il vient d'avaler ma carte.

Do you have an account with us ? : Vous avez un compte chez nous ?

I'm travelling : Je suis en voyage.

I was telling the young lady here I was making a cash withdrawal and my card got eaten up : Je disais à la jeune demoiselle ici que je faisais un retrait d'espèces et que ma carte a été avalée (*eaten up* : mangée, engloutie).

Come this way please : Venez avec moi.

And you don't have an account with us right ? : Et vous n'avez pas de compte chez nous, si ?

I mean our bank… : Je veux dire notre banque…

I have an account with this bank, but not this branch obviously : J'ai un compte dans cette banque, mais pas dans cette agence, bien évidemment.

What kind of card was it ? : C'était quel type de carte ?

It says you typed in the wrong code : Il est indiqué que vous vous êtes trompée de code.

I didn't type in the wrong code : Non, je ne me suis *pas* trompée de code.

I cancelled the amount I wanted : J'ai annulé le montant que je voulais.

But instead of bringing me back to the main menu the machine just ate up my card : Mais au lieu de me renvoyer au menu principal, la machine a avalé ma carte.

It tends to do that sometimes : Elle a parfois tendance à faire ça.

It's like me : Elle est comme moi.

It doesn't speak very good French : Elle ne parle pas très bien le français.

Let me see what I can do : Je vais voir ce que je peux faire.

Do you have any identification ? : Vous avez une pièce d'identité ?

A passport perhaps ? : Un passeport peut-être ?

Well you're in luck : Vous avez de la chance.

Usually we don't return a card without proper verification with your bank in France : En général, nous ne rendons pas les cartes sans une vérification avec votre banque en France.

But since you didn't actually make a transaction it should be O.K. : Mais puisque vous n'avez pas vraiment fait de transaction, ça devrait aller.

I really need that card : J'ai *vraiment* besoin de cette carte.

Here you are : Voici.

I really really appreciate this : merci *mille fois*. (*I appreciate it* : très courant aux États-Unis.)

LA VIE QUOTIDIENNE

Just be a little careful next time : Faites un peu plus attention la prochaine fois.

I will : Oh oui, je le ferai.

So can I use the card ? : Donc je peux utiliser la carte ?

It isn't damaged or anything is it ? : Elle n'est pas endommagée, si ?

Do you still need to withdraw money ? : Avez-vous toujours besoin de retirer de l'argent ?

Yes I do actually : Oui, en fait.

Why don't you write me a cheque and I'll see what I can do : Alors faites-moi un chèque et je vais voir ce que je peux faire.

That's fantastic ! : Oh ce serait génial ça !

Do I just write it out to myself : Je le fais à moi-même ?

I'll give you a temporary ATM card to use in the machine : Je vous donnerai une carte temporaire à utiliser dans le distributeur.

I wish we had service like this in France : J'aurais souhaité avoir un service comme ça en France.

Oh I'm sure you do : Oh, je suis sûr que ça existe.

I mean I don't usually do this but : Eh bien, en fait je ne fais jamais ça, mais...

And I don't want you to take this the wrong way : Et je ne veux pas que vous le preniez mal (que vous l'interprétiez mal).

You wouldn't be free for lunch would you ? : Vous ne seriez pas libre pour le déjeuner, si ?

And I don't want you to take that the wrong way either : Et je ne veux pas que vous l'interprétiez mal non plus.

LA GRAMMAIRE DES PARESSEUSES

- En anglais, on utilise souvent une question de façon négative quand on n'est pas sûr de soi, ou pour prendre un ton paternaliste/maternel, ou encore aggressif, selon le contexte... *Why don't I examine you first ?* (un médecin qui veut rassurer son patient en disant : « Bon, je vous examine d'abord, d'accord ? ») Un gars à qui un autre se propose de lui envoyer un bon coup de poing répondra : *Why don't you just try it ?*, « Vas-y, t'as qu'à essayer ! ». Ou encore, comme dans notre exemple de la banque, *You wouldn't be free for lunch, would you ?*, « Vous ne seriez pas libre... si ? », parce que le jeune Adil n'est pas très sûr de lui.

- On emploie le *past continuous* pour exprimer l'imparfait dans le passé (Je disais, je lisais...). Il se forme avec l'auxiliaire *was/were* + le participe présent du verbe : *I was telling this young lady here...*, « Je disais à la jeune demoiselle ici... » ; *We were waiting in line to get cash*, « Nous faisions la queue pour retirer de l'argent. » Pour évoquer une action régulière se déroulant sur une longue durée, on choisira le passé simple : *I walked to school everyday*, « J'allais à l'école à pied tous les jours », ou *I ate broccoli twice a week*, « Je mangeais des brocolis deux fois par semaine. » Pour une action habituelle, on pourra utiliser *used to* : *I used to go out a lot*, « Avant je sortais beaucoup » ; *I used to work in this building*, « Je travaillais dans cet immeuble. »

Le distributeur automatique de billets

Cancel (to cancel your request please press...)	Annulation (annuler une transaction)
Press enter.	Appuyez sur la touche validation.
Other	Autres (montants)
Other transactions/other...	Autres opérations
PIN	Code
Enter your PIN.	Faites votre code.
Checking account	Compte courant
Credit account	Compte crédit

Savings account	Compte épargne
Correction	Correction
This ATM is currently unavailable, out of order.	Cet appareil est hors service.
Amount	Montant
Enter the amount you wish to withdraw.	Tapez le montant que vous voulez tirer.
Withdrawal	Retrait
Deposit	Versement
Check account balance	Voir le solde du compte
Would you like a receipt ?	Voulez-vous un reçu ?
Withdrawal limit exceeded, we're sorry, we cannot process your request at this time, you have exceeded your withdrawal limit.	Vous avez dépassé votre limite de retrait (nous sommes dans l'incapacité de satisfaire votre demande pour le moment).

Remarque : Parfois la machine vous demandera si votre carte est une carte de crédit (*credit card, credit account*) ou alors une carte délivrée par une banque (*debit card*), auquel cas le montant que vous voulez sera retiré d'un compte précis que vous indiquerez (*savings* ou *checking*). Mais souvenez-vous que vous devez toujours choisir *credit card* ou *credit account* si vous voyagez avec une carte française, car elle fonctionnera forcément comme une carte de crédit.

CHAPITRE 6

Pour parler à la banque

Hi, I need to cash some traveler's checks please ?	Bonjour, j'ai besoin de retirer des espèces contre les chèques de voyage s'il vous plaît ?
Hello, I need to change some money, can I do that here ?	Bonjour, j'ai besoin de changer de l'argent, je peux le faire ici ?
Hi, I'd like to change some Euros (please).	Bonjour, j'aimerais changer des euros, s'il vous plaît.
Hello, I need to get some cash using my ATM card but the machine isn't working... Can I get some cash here at the counter ?	Bonjour, j'ai besoin de retirer des espèces avec ma carte mais le distributeur ne marche pas... Je peux faire un retrait ici au guichet s'il vous plaît ?
Good morning, I'd like to open an account here please.	Bonjour, j'aimerais ouvrir un compte ici s'il vous plaît.
Hi, I need to see someone about a lost/stolen credit card (please).	Bonjour, j'ai besoin de voir quelqu'un à propos d'une carte de crédit perdue/volée.
Good afternoon I need to send some cash abroad urgently. Do you know where I can do that ?	Bonjour, je dois envoyer de l'argent à l'étranger de toute urgence. Vous savez où je peux faire ça ?
Hello, I need to see someone about an electronic transfer, a foreign remittance.	Bonjour, j'ai besoin de voir une personne à propos d'un virement électronique, un virement international.
Hi, I need to pick up some cash that was sent to me.	Bonjour, je dois récupérer de l'argent qu'on m'a envoyé, s'il vous plaît.

LA VIE QUOTIDIENNE

À SAVOIR

En France, la carte bleue est délivrée par une banque et concerne les fonds que vous avez dans un compte en banque. Mais aux États-Unis, une carte de crédit est délivrée par une société (la marque de la carte) qui ouvre un crédit pour vous (*credit limit*), que vous remboursez par mensualités (*credit payments*) selon les achats que vous avez effectués avec la carte. Une carte délivrée par une banque où les achats/retraits sont débités d'un compte comme en France s'appellerait une *debit card* ou une *bank card*. Il existe aussi des cartes *uniquement* pour effectuer des retraits espèces et qui s'appellent des *cash cards*.

LA GRAMMAIRE DES PARESSEUSES

Le passé composé (*simple past*) : I tried *getting money from the machine but it ate up my card* !, « J'*ai essayé* de retirer de l'argent du distributeur mais il *a avalé* ma carte.) En anglais le *simple past* ne se compose pas avec un auxiliaire comme en français, il a une forme spécifique. Souvent, il suffit d'ajouter *–ed* à la fin du verbe (*to walk, I walked*) ou *–d* (*to use, I used*) ou alors *–ied* (*to try, I tried*). Certains verbes, irréguliers, prennent des formes particulières : par exemple, à la première personne du singulier du *simple past*, *to be* donne *I was* ; *to have*, *I had* ; *to eat*, *I ate*, et il y en a comme ça toute une liste, que même les paresseuses devront apprendre par cœur, c'est un comble !

La poste

Une petite info édifiante : aux États-Unis, à force d'être abreuver de faits divers concernant les agents postaux qui perdaient la tête et se mettaient à tirer sur tout le monde et même sur leurs collègues, les gens ont inventé une expression (*going postal*) pour parler d'une personne qui perd les pédales et qui réagit de manière extrêmement violente à un événement finalement plutôt anodin... : *Hey, don't go postal on me !* Cette expression n'est pas traduisible en français, littéralement, elle signifie : « Hey, ne te montres pas *postal* avec moi !). On peut entendre encore : *You got to watch it with him, the guy tends to go postal pretty easily* !, « Fais attention avec lui, il a tendance à vite tourner *postal* !)

Comme une lettre à la poste…

Hi, I need to send this letter to Belgium (please) ?	Bonjour, j'aurais besoin d'envoyer cette lettre en Belgique, s'il vous plaît.
Hi, I need to pick up a package ?	Bonjour, je viens pour récupérer un paquet, s'il vous plaît.
Hello, I'd like to send a registered letter to France please…	Bonjour, je voudrais envoyer cette lettre en recommandé en France, s'il vous plaît.
Excuse me, I'd like to send this by express mail please ?	Excusez-moi, je voudrais envoyer ça par Chronoposte, s'il vous plaît.

À SAVOIR

Impôts, taxes et Alcatraz ! dans cette formule magique, pour le moment le mot à retenir, c'est *taxes* ! Quelques exemples où le mot taxes est omniprésent : *to do your taxes* (faire ou calculer ses impôts), *to send in your taxes* (envoyer sa fiche d'impôts), *income before taxes* (revenu brut), *income after taxes* (revenu net), *income tax* (impôt sur le revenu), *sales tax* (la TVA, appelée *VAT* en Europe mais *sales tax* aux US), *tax bracket* (niveau d'imposition/tranche), *local taxes* (taxes locales) et enfin les fameuses *tax deductions* (pratique très importante aux USA, qui permet de pratiquement *tout* déduire… à condition d'avoir le temps, une bonne connaissance des règlements ou un comptable super dévoué). Et maintenant pourquoi Alcatraz ? Il faut savoir qu'aux États-Unis, l'autorité publique qui fait le plus trembler, *plus* que le FBI, c'est l'IRS (Internal Revenue Service) – célèbre pour avoir fait arrêter quelques puissants membres de la Mafia à partir des années 1930 (**Al Capone**, entre autres), lesquels ont fini leur vie derrière les barreaux de la redoutable prison d'Alcatraz...

DIX FAÇONS DE GÉRER LE QUOTIDIEN

1. Au supermarché : parlez et achetez

Excuse-me I'm looking for the fish section ? Hi, sorry to bother you but I can't seem to find any limes ; do you know where they might be ?, Hi, do you have salmon steaks ?, I'm sorry do you have a special check-out counter for less than ten items, Hi will that be cash or charge ?, Would you like paper or plastic ?, That's forty-nine eighty-four please...

2. Cuisinez, trouvez des recettes

Remove (from flame)..., Cut/chop into thin slices..., Add spice mixture..., Separate the yolk from the white..., Place salmon in a frying pan/in a dish..., Cover and simmer gently..., Sprinkle with...

3. Appréciez ce qu'on vous sert et réagissez

I love this dish, how did you make it ? You must tell me how you made these potatoes... They're incredible !, This cake is great ! You have to give me the recipe !, Do you like the lasagne ? I made it from scratch !, This is a very easy dish to make ! And it doesn't take very long either !

4. Décorez chez vous

I need some ideas for decorating my fireplace/ mantel..., I like a cozy atmosphere in my bedroom and I find lighting helps..., It's really hard to find the right colors for your walls, don't you think ?, I'm looking for some ideas to spruce up my place, make it less dull and more modern..., This wallpaper is very ugly, I want to change it...

5. Allez au magasin...

Store/shop/boutique, shopping mall, Hi, I'm looking for stores that specialize in surfing equipment ? Excuse me, is there any place I can buy typically Hawaiian gifts ?, I'm a size 38 in France... Um, do you know what size that is here ?, This dress is on sale... It's 20 % off !

LA VIE QUOTIDIENNE

6. Essayez les vêtements et parlez-en
This is 100 % cotton..., Can I try this on somewhere ?, I'd like to try on this dress please ?, It doesn't fit !, It's too small/tight (on the waist, the hips, the chest) !, I (really) like, no I love this shirt !, It looks great on you !, No, it makes me look fat !, I'm taking this top (please)

7. Payez...
Will that be cash or charge ? Do you have a Tafeway card ?, Can I ask who helped you today ?, Here's your receipt, thank you bye bye !, This is your receipt for the pants, you can pick them up tomorrow !, Were you satisfied with everything ?

8. Argent : comprenez le distributeur automatique
Press enter, Withdrawal, Withdrawal limit exceeded, We're sorry, we cannot process your request at this time, You have exceeded your withdrawal limit, PIN (please enter your PIN and press enter), Other transactions/Other..., Cancel (to cancel your request please press...), Credit account, check account balance

9. Demandez ce que vous voulez à la banque
Hi I need to cash some travelers' checks please ? Hello, I need to get some cash using my ATM card but the machine isn't working... Can I get some cash here at the counter ?, Hi, I need to see someone about a stolen credit card (please) ?, Good afternoon I need to send some cash abroad urgently ? Do you know where I can do that ? Hello I need to see someone about an electronic transfer ? A foreign remittance ?

10. Postez des choses
post office, to send a package/a letter, to mail something (US), to post something (GB), Hi I need to send this letter to Belgium (please) ?, Hello I'd like to send a registered letter to France please..., Excuse me, I'd like to send this my express mail please ?, Hi I need to pick up a package ?

chapitre 7

Amour et sexe

AMOUR ET SEXE

Love story...

Vous avez rencontré cet été à Bali un homme sublime (*a gorgeous hunk*) mais vous n'avez pas osé lui parler... Vous lorgnez depuis peu sur un superbe et sympathique Australien qui vient d'emménager juste à l'étage au-dessus du vôtre, mais impossible de lui dire deux mots... vous êtes complètement tétanisée à l'idée de devoir lui parler en anglais ! Pas étonnant, Shakespeare n'a-t-il pas dit que l'amour était non seulement une question de regards, mais aussi et *surtout* de mots ? Alors, avant d'affûter vos *killer looks* (regards qui tuent), plongez-vous dans les pages qui suivent : rien que des mots d'amour...

Flirting

Le mot *flirting* en anglais n'a pas du tout la même connotation qu'en français. *To flirt* en anglais fait allusion aux premiers moments d'une rencontre amoureuse : les regards qui tuent (*killer looks*), les petits rires pleins de désir et de retenue (*flirtatious giggles*), la conversation qui ne va nulle part mais qui dit tout (*flirtatious banter*). Tout ça, vous connaissez, bien sûr, mais ce qui vous manque, ce sont toutes ces petites phrases qui aident à briser la glace (*break the ice*). Vous allez apprendre à reconnaître les inévitables *one-liners* (genre « Vous habitez toujours chez vos parents ? ») ou encore les ringards *cheap come-ons* (du style « Qui sait, vous êtes peut-être l'amour de ma vie ! »), juste pour savoir fuir quand il le faut ! Mais ce chapitre sera plutôt l'occasion d'apprendre toutes ces petites phrases de la séduction quotidienne, avec trois petits ingrédients en plus : un regard séducteur, un sourire malin et, tiens, pourquoi pas ?, une paire de c... dignes d'un gladiateur (*to have balls* en anglais est synonyme *d'oser*).

Pour séduire dans un bar (*version sympa*)

Hi...	Bonsoir...
Where are you from ? Oh wow are you from Sweden ? I love Sweden !	Vous venez d'où ? Ah oui, vous êtes suédois ? J'adore la Suède !
No I don't usually come here, I don't go out that much... Do you ?	Non, je ne viens pas souvent ici, je sors pas si souvent, en fait... Et vous ?
What do you do ?	Vous faites quoi dans la vie ?
Oh wow that's amazing !	Ah bon c'est fascinant ça !
This is a pretty nice place isn't it ? God, it's really crowded here isn't it ?	C'est un endroit plutôt pas mal non ? La vache, c'est vraiment bondé ici, non ?
It's really hot in here huh !	Il fait vraiment chaud ici, non ?
Sorry, is this stool taken ?	Pardon, ce tabouret est pris ?
Hi have you been here before ? What's a good drink here ?	Bonsoir, vous êtes déjà venu ici ? Alors qu'est-ce qu'il y a de bon (à boire) ici ?
Whoo, it's really smoky here isn't it ? Excuse me, you wouldn't have a light, would you ?	Oh là là, c'est vraiment enfumé ici ! Pardon, vous n'auriez pas du feu ?

Remarque : Pratiquement toutes les phrases et/ou commentaires ici se terminent en point d'interrogation (soit à travers une question, soit par le ton de la voix), car après tout, s'intéresser à quelqu'un et l'écouter, n'est-ce pas ce qu'il y a de plus séduisant !

Version séduction osée...

Excuse me, has anyone ever told you, you look exactly like Steve McQueen, Brad Pitt, the French actor Jean Gabin ?	Pardon, on vous a dit que vous ressemblez comme deux gouttes d'eau à Steve McQueen, Brad Pitt, Jean Gabin ?
Hi has anyone ever told you, you are drop-dead gorgeous ?	Bonsoir, on vous a déjà dit que vous êtes super beau (à tomber par terre) ?
And how come you're alone ? A fabulously gorgeous thing like you !	Et comment ça se fait que vous soyez seul ? Un magnifique spécimen comme vous ?
I am sure you make an incredible caipirinha ! (pour séduire un barman)	Je suis sûre que vous faites une incroyable caïpirinha !
Excuse me, can I ask you something ? I need to buy something for my brother and I love your cologne* ! Can you tell me what it is ?	Pardon, je peux vous demander quelque chose ? Je dois acheter un cadeau pour mon frère et j'adore votre parfum, vous pouvez me dire ce que c'est ?

* En anglais, les femmes mettent du *perfume* et les hommes du *cologne*...

Pour séduire ailleurs (au travail, dans votre immeuble, à l'arrêt de bus, au supermarché)...

Hi, um, are you having trouble with your mail ? Because I haven't got my mail in days... (dans l'immeuble)	Vous aussi vous avez des problèmes avec le courrier ? Parce que moi ça fait des jours que je n'ai rien reçu...
Which floor please ? Oh the sixth ! You must have a great view ! (dans l'ascenseur)	Quel étage ? Oh le sixième ! Vous devez avoir une vue magnifique !

Oh I love those cookies too, but they're incredibly fattening! (au supermarché, avec le sourire qu'il faut)	Oh, moi aussi j'adore ces gâteaux, mais ils sont super gras je trouve!
Um sorry, have you been waiting long? (arrêt de bus) *Is this the bus that goes to...*	Euh pardon, vous attendez depuis longtemps? C'est bien le bus qui va à...
Hi I notice you're incredibly good with computers and stuff... I just can't seem to get anything to work! (au travail)	Pardon, j'ai remarqué que vous étiez/tu étais super doué avec les ordinateurs et tout ça... Moi j'y arrive *pas* du tout!
God I hate this coffee machine don't you? It never returns my change! (au travail)	Ah là là, je déteste cette machine à café, pas vous? Elle me rend jamais la monnaie!

Flattery...

Les hommes, qui ont derrière eux des siècles de flatteries à notre service, pensent qu'il n'y a que nous, les femmes, pour y être sensibles. *Rubbish*[1]! Les hommes, tout aussi humains que nous, sont eux aussi de superbes pigeons pour la flatterie (*suckers for flattery*)! Alors livrez-vous à quelques flatteries en anglais, vous verrez, ça marche...

---

1. *Rubbish* = littéralement : « ordures » ; ici, « bêtises ! », « c'est n'importe quoi ! ».

Pour masser son égo (*massage his ego*)...

Wow, I don't usually say this, but I love your car !	Waou, je ne dis pas souvent ça mais *j'adore* ta voiture !
Do you play soccer (football) ? I really admire men who're good at soccer (football) !	Tu joues au foot ? Ah moi, j'admire beaucoup les hommes qui jouent bien au foot !
You know how to fix the plumbing ? Wow, that's incredible ! I'm all thumbs* when it comes to fixing things/DIY !	Tu sais réparer la plomberie ? C'est incroyable ! Moi je suis nulle pour ça (en bricolage) !

* *I'm all thumbs* : littéralement, « Je n'ai que des pouces », donc pas de dextérité...

PARLONS UN PEU !

Vous êtes en bas de chez vous, le beau voisin Australien du sixième passe devant vous...

Vous : *Oops sorry...*
Voisin : *Pardon...*
Vous : *Sorry, excuse me, I need to get my mail...*
Voisin : *Oh you speak English ?*
Vous : *Yes, well just a little...*
Voisin : *Well, hi I'm from Australia... (il vous sert la main)*
Vous : *Oh I know, I've heard you speak a couple of times...*
Voisin : *Really ? Where ?*
Vous : *Oh when you were on the phone I think, in the elevator !*
Voisin : *Oh... Sorry about that ! I'm Rex !*
Vous : *No problem ! Hi, I'm Karin...*
Rex : *Nice to meet you... Well it's great to know someone speaks English in this building ! Where's your apartment exactly ?*
Vous : *Fifth floor, overlooking the courtyard.*
Rex : *Oh wow, I'm on the sixth floor overlooking the courtyard...*
Vous : *Oh don't worry, I'm not fussy that way !*

(Pause.)
Vous : *Well, bye then !*
Rex : *Um... I'm having some people over tonight for a drink, would you like to come ?*
Vous : *Tonight ? Oh sure !*
Rex : *I mean it's not a date or anything...*
Vous : *(en souriant) Oh it's not ? I'm disappointed !*
Rex : *(en rigolant) Oh ! Oh you are ? Well then ! Consider it a date !*
Vous : *No, I'm only joking !*
Rex : *No it's true ! Quite honestly, I've noticed you before and I wanted to ask you out, but I mean you don't just walk up to someone and ask them out on a date !*
Vous : *No it's not the done thing, is it ?*
Rex : *No ! But now that you've brought it up... Have a drink with me tonight ! And... um six other people ! (il rigole)*
Vous : *(en rigolant) Ok ! What time ?*
Rex : *Around seven ?*
Vous : *Ok... See you then !*
Rex : *Bye !*

....

Vocabulaire

Oops sorry ! : Oh pardon !

Sorry, excuse me, I need to get my mail : Pardon (je vais passer), j'ai besoin de récupérer mon courrier.

Oh you speak english ! : Oh, vous parlez anglais !

Yes well just a little : Oui bon, juste un peu (fausse modestie !).

Well hi, I'm from Australia : Eh bien, bonjour, moi je viens d'Australie.

Oh I know : Oh oui, je sais.

I've heard you speak a couple of times : Je vous ai entendu parler une fois ou deux.

Really ? Where ? : Ah bon ? Où ?

When you were on the phone I think, in the elevator : Quand vous étiez au téléphone je crois, dans l'ascenseur.

Sorry about that : Désolé pour ça (pour vous avoir dérangée en téléphonant dans l'ascenseur).

I'm Rex : Je m'appelle Rex.

Well it's great to know someone speaks English in this building : Eh bien, c'est génial de savoir qu'on parle anglais dans cet immeuble.

Where's your apartment exactly ? : Où est-il votre appartement, exactement ?

Fifth floor, overlooking the courtyard : Au cinquième étage sur cour.

I'm on the sixth floor overlooking the courtyard : Moi, je suis au sixième sur cour.

I hope I'm not too noisy : J'espère que je ne fais pas trop de bruit !

Oh don't worry ! : Oh, ne vous inquiétez pas/ne vous en faites pas !

I'm not fussy that way : Je ne suis pas difficile à ce sujet.

Well, bye then ! : Bon ben, au revoir !

I'm having some people over tonight for a drink : J'ai invité des amis pour boire un verre ce soir.

Would you like to come ? : Vous voulez venir ?

Oh sure : Oh oui, pourquoi pas ?

I mean it's not a date or anything : Je veux dire, ce n'est pas un rendez-vous galant (ou un truc comme ça).

It's not ? I'm disappointed : Ah non ? Je suis déçue.

Oh you are : Ah bon.

Well then ! Consider it a date : Bon ben, on va dire que c'est un rendez-vous galant, alors.

I'm only joking : Je plaisante.

No it's true : Non, c'est vrai.

Quite honestly, I've noticed you before and I wanted to ask you out : Pour tout vous dire, je vous avais déjà remarquée et je voulais vous inviter.

But I mean you don't just walk up to someone and ask them out on a date : Mais bon, on ne peut pas aborder quelqu'un et lui demander (comme ça) de sortir avec vous.

No it's not the done thing, is it : Non, ce n'est pas très correct, c'est vrai (*the done thing* : la façon correcte de faire les choses).

But now that you've brought it up... : Mais maintenant que vous l'avez évoqué (*to bring something up* : évoquer quelque chose, parler de quelque chose)...

Have a drink with me tonight ! And... um six other people : Venez boire un verre avec moi ce soir ! Et... euh... six autres personnes.

What time ? : À quelle heure ? (On pourrait aussi dire : *At what time ?*)

See you then : À tout à l'heure/à sept heures. (On pourrait dire : *See you at seven.*)

Les rendez-vous amoureux

A date, a romantic engagement (très élégant voire snob), *a rendezvous* (utilisé en anglais *uniquement* pour signifier un rendez-vous secret ou sexuel)	Rendez-vous amoureux
To make a date	Donner un rendez-vous amoureux
To have a date (with someone)	Avoir un rendez-vous amoureux
To go out on a date (with someone)	Sortir en rendez-vous amoureux
To go out with someone	Sortir avec quelqu'un

L'amour (toujours…)

I'm going out on a date with my neighbor !	Je sors avec mon voisin !
I have a date tonight !	J'ai un rendez-vous ce soir !
I'm going out with this amazing guy tomorrow !	Je sors avec un mec incroyable demain !
So is it a date ?	Alors, c'est un rendez-vous amoureux ?

CHAPITRE 7

Je viens te chercher… (les *détails* du rendez-vous)

I'll pick you up at seven !	Je viendrai te chercher à sept heures !
Shall we say seven ?	On dit à sept heures ?
Shall we meet at the bar at nine ?	On se voit au bar à neuf heures ?
Why don't we meet at the Dragon at about eight ?	On pourrait se donner rendez-vous au Dragon à huit heures (par exemple) ?
Why don't we say the Dragon at eight ?	On dit au Dragon à huit heures !
Let's meet at Ferdinand's at seven !	On se voit chez Ferdinand à sept heures !

Séduction sur le Net et autres :

I met him on the Internet, « Je l'ai rencontré sur Internet », *Tom often uses a special single's web site to meet people*, « Tom se sert d'un site Internet spécialement conçu pour les rencontres » ; *I tried this dating service, it's not bad !*, « J'ai essayé une agence pour faire des rencontres, c'est pas mal ! » ; *It's a speed dating service*, « C'est un service de rendez-vous rapides » *Speed dating* : un service (US) qui permet de s'entretenir rapidement avec toute une série de personnes les unes après les autres, un peu comme dans un entretien d'embauche !

Ce que vous diront les dragueurs (avec un brin d'humour ça peut être charmant !)

You're the most beautiful woman in this room/in the world !	Vous êtes la plus belle femme dans cette pièce/au monde !
I knew you were the woman for me when our eyes met across this crowded room !*	J'ai su que vous étiez la femme de ma vie quand nos yeux se sont rencontrés à travers cette pièce chargée...
Have dinner with me (please) !	Dînez avec moi !
If you say no I'll kill myself !	Si vous dites non, je me tue !
Say you'll go out with me (please) !	Dites que vous sortirez avec moi !
I think I'm in love !	Je crois que je suis amoureux !
Marry me !	Épousez-moi !

* C'est une allusion aux romans d'amour anglais qui regorgent de clichés de ce genre : *Their eyes met across a crowded room*, « Leurs yeux se sont rencontrés à travers une pièce noire de monde »...

Les *one-liners* (les pires, à fuir en courant)

Your place or mine ?	(On va) chez toi ou chez moi ?
Haven't we met somewhere before ?	On ne s'est pas déjà vus quelque part ?
Where have you been all my life ? !	Où avez-vous été toute ma vie ? !
Has anyone ever told you... (you are the most beautiful woman in the world ? you look like Britney Spears ?)	On vous a déjà dit que... (vous étiez la plus belle femme au monde ? que vous ressembliez à Britney Spears ?)

CHAPITRE 7

PARLONS UN PEU !

Vous êtes dans un bar... Juste à côté de vous, un homme qui semble passablement enrhumé (il éternue sans arrêt) fume un énorme cigare qui empeste...

Lui : *Hi...*
Vous : *(silence)...*
Lui : *Tell me something !*
Vous : *Hm ?*
Lui : *Tell me what a drop-dead gorgeous thing like you is going in a joint like this !*
Vous : *I'm sorry I can't hear...*
Lui : *Because you are drop-dead gorgeous, you know that don't you ?*
Vous. *Right...*
Lui : *I mean a man would have to be blind not to notice...*
Vous : *(au barman) Um, could I have a Vodka rocks please ?*
Lui : *Wouldn't you prefer champagne on ice with me ? On a beach somewhere ?*
Vous : *Um no not really...*
Lui : *You don't know what you're missing !*
Vous : *I think I'll take that risk ! Um, I have to go now ! There's a hearse waiting for me outside !*
Lui : *It's your loss !*
Vous : *Indeed ! Goodbye !*

Vocabulaire

Tell me something : Dites-moi (quelque chose) !

Tell me what a drop-dead gorgeous thing like you : Dites-moi ce qu'une femme aussi séduisante que vous (*drop-dead gorgeous* : tellement belle qu'on en tomberait raide mort).

Is doing in a joint like this : Fait dans un endroit pareil (*joint* : argot pour endroit, resto, bar).

I can't hear : J'entends pas.

Because you are *drop-dead gorgeous* : Parce que vous êtes bien à tomber par terre.

You know that don't you : Vous le savez, non ?

Right : Oui, c'est cela...

I mean : Je veux dire...

A man would have to be blind *not to notice* : Il faudrait qu'un homme soit aveugle pour ne pas le voir.

Vodka rocks : Vodka glace.

Wouldn't you prefer champagne on ice with me ? : Vous ne préfèreriez pas du champagne au frais, avec moi ?

On a beach somewhere ? : Sur une plage quelque part ?

No not really... : Pas vraiment, non...

You don't know what you're missing ! : Vous ne savez pas ce que vous ratez !

I think I'll take that risk ! : Je crois pourtant que je prendrai ce risque !

I have to go now : Je dois partir maintenant.

There's a hearse *is waiting for me outside* : Il y a un *corbillard* qui m'attend dehors (humour noir).

It's your loss : C'est vous qui êtes perdante.

Indeed : Ah oui, c'est ça ! (*Indeed* signifie « en effet », mais ici, c'est dit ironiquement.)

CHAPITRE 7

La séduction à deux balles

On ne va pas y revenir ! Juste quelques expressions pour décrire cette drague malheureusement si répandue : *to come on to a woman* ; *to make a pass at a woman* ; *to chat up a woman/a girl* (GB) ; *to make advances to a woman* ; et enfin *to harass a woman* (harceler une femme)...

Ce que vous direz en réponse (aux dragueurs)...

Maybe some other time...	Peut-être une autre fois...
I don't think so...	Non, désolée...
Thanks but no thanks...	Merci mais non...
I'm busy !	Je suis prise !
Sorry I'm with someone !	Désolée je suis avec quelqu'un !
No really, I prefer to be alone !	Non, sérieusement, je préfère être seule !

Réponses plus créatives (à éviter avec les *serial killers*)

Maybe in the next life !	Dans une autre vie peut-être !
I'd rather die !	Je préfèrerais mourir !
How about NOT !	Sûrement pas ! Ça m'étonnerait !
Uh, I have to go now !	Euh, je dois m'en aller maintenant !
Uh, let me think about it... NO !	Euh, laisse-moi réfléchir... NON !
Let's try... NO !	Essayons (la réponse)... NON !
You've GOT to be kidding !	Tu plaisantes j'espère !
Forget it ! No way !	Jamais de la vie !
In your dreams !	Dans tes rêves, oui !

Yeah! If I wanted to go out with a loser!	Oui! Si je voulais sortir avec un loser!
Get out of my face!	Fiche le camp!
Leave me alone!	Lâche-moi! Fous-moi la paix!
Fuck off!	Va te faire foutre!
You want me to call security?	Tu veux que j'appelle les videurs?

Tant de mots pour dire dragueur, coureur!

Playboy, *ladies' man* (façon élégante); *womanizer* (péjoratif mais pas vulgaire); *he likes the ladies* (il aime les femmes); *skirt chaser* (coureur de jupons), *he's popular with the ladies* (les femmes l'aiment bien); *he likes chasing tail* (il aime chasser le cul, vulgaire mais sans « gros mots »); *cradle snatcher* (un homme qui aime les femmes beaucoup plus jeunes qui lui); *sex maniac* (carrément insultant); *sex addict* (un homme qui a un problème psychologique); *babe hound* (chien qui chasse les minettes, vulgaire), *babe fiend* (démon qui aime les minettes, vulgaire).

Les collectionneuses d'hommes

Slut (salope, pute); *sleaze* (femme vulgaire); *tease* (aguicheuse, allumeuse); *floosey* (femme sans dignité qui se jette sur les hommes); *whore* (putain, pute); *skank* (pute); *black widow* (veuve noire, plus classe mais pute tout de même); *maneater* (mangeuse d'homme).

Dire *I love you*...

Aux États-Unis on voit tout le temps des *bumper stickers* (autocollants sur les pare-chocs) avec ce type de slogan dessus : *Did you say I Love You today?*, « Avez-vous dit *je t'aime* aujourd'hui ? » ou bien *Tell Your Honey You Love Her... Before It's Too Late!*, « Dites à votre chérie que vous l'aimez avant qu'il ne soit trop tard ! » Alors voilà, ici vous allez apprendre à le dire (avant qu'il ne soit trop tard) !

Je suis attirée par lui/toi

I'm (really) attracted to him/you !	Je suis attirée par lui/toi !
I'm sweet on him !	Je suis un peu amoureuse de lui !
I'm in love with him/you !	Je suis amoureuse de lui/toi !
I (really) have the hots for him !	Je suis (très) attirée par lui !
I'm madly in love with him !	Je suis follement amoureuse de lui !
I'm desperately in love with him !	Je suis éperdument amoureuse de lui !

Des mots pour *lui*...

I love you !	Je t'aime !
I adore you !	Je t'adore !
I'm crazy about you !	Je suis folle de toi !
I love you so much !	Je t'aime tellement !
I love you to bits !	Je t'aime trop !
I love you to death !	Je t'aime à la folie (littéralement : *à la mort*) !
I'm mad about you !	Je suis folle de toi !
I can't stop thinking about you !	Je n'arrête pas de penser à toi !
I think about you all the time !	Je pense à toi tout le temps !

Le lui demander (ou répondre quand il vous le dit)

Say you love me !	Dis-moi que tu m'aimes !
Do you love me ?	Et toi, tu m'aimes ?
I love you too !	Je t'aime aussi !
Say you love me too !	Dis-moi que tu m'aimes aussi !
Sure I love you but do you love me ?	Bien sûr que je t'aime mais toi est-ce que tu m'aimes ?

Les tendres petits mots de l'amour (pour hommes et femmes)

honey	chéri (*honey* : miel)
baby, baby doll	bébé, baby doll
dollface	poupée (se dit à un homme aussi)
darling	chéri
my sweet	ma petite douceur
my sweet baby/honey/baby doll	mon doux bébé...
lover	mon amour (sexy)
loverboy	mon amour (sexy)
babycakes	gâteau d'amour (littéralement : *bébé gâteau*)
honeybunch	mon amour (littéralement : *botte de miel*)
love muffin	muffin d'amour
love bunny	petit lapin d'amour
sweetie	douceur

sweetheart*	chéri, douceur (littéralement : *cœur doux*)
sweetie pie/honey pie	ma petite douceur (*pie* : tarte)
cutie pie	bébé mignon (*cute* : mignon)
I could eat you, you're so cute !	Je pourrais te manger, t'es tellement mignon !

* On dira aussi à un(e) ami(e) : *You're a sweetheart !*, « T'es adorable ! »

ENVOYONS UN PETIT MAIL AMOUREUX !

Vous envoyez un mail à Dave. Il est loin de *vous* mais pas de votre cœur...

Darling babycakes my sweet honey doll,
I miss you, I love you, I'm mad about you, I'm counting the days before I see you again...
How are you my darling ? I hope you think of me every minute of everyday as I think of you... Write to me soon and tell me how everything's going... I can't wait to be in your arms again !
Tons of love hugs and kisses
Yours forever
Marybel

Vocabulaire

Baby cakes : Mon amour.

My sweet : Mon doux/sucré.

Honey doll : Poupée de miel.

I miss you : Tu me manques.

I'm counting the days before I see you again : Je compte les jours avant de te revoir.

I hope you think of me every minute of everyday : J'espère que tu penses à moi chaque minute de chaque jour.

As I think of you : Comme moi je pense à toi.

Write to me soon : Écris-moi vite/bientôt.

And tell me how everything's going ? : Comment ça va ?

I can't wait to be in your arms again : Je ne peux plus attendre, je veux être dans tes bras.

Tons of love : Des tonnes d'amour.

Hugs : Étreintes/câlins.

Yours forever : À toi pour toujours.

LA RÉPONSE

Dave vous répond, et côté mamours, il se défend, lui aussi...

My gorgeous sexy beautiful doll,
I miss you too ! Have I ever told you how beautiful you are ? And how much I'm crazy about you ? If I don't do it often enough it's only because I am too shy and just overwhelmed by you ! By your beauty ! By how much I love you ! Yes it's true ! I am totally head over heels and I just can't believe it ! I can't stop thinking about you, night and day... Your beautiful face and your gorgeous little sexy body... I am dying to make love to you ! I would give anything to be with you right now, holding you in my arms, the breeze playing over your tanned body... Damn I can't wait !
Maybe we can go on a short trip to a beach somewhere soon, what do you think ?
Yours desperately horny
Dave

Vocabulaire

I miss you too : Toi aussi tu me manques.

Have I ever told you how beautiful you are : Je t'ai déjà dit combien tu es belle.

And how much I'm crazy about you : Et à quel point je suis fou de toi.

If I don't do it often enough it's only because I am too shy and overwhelmed by you : Si je ne le fais pas assez souvent, c'est uniquement parce que je suis trop timide et je perds mes moyens devant toi (*overwhelmed* : débordé, dépassé, très ému selon le contexte).

By your beauty : Par ta beauté.

By how much I love you : Par mon amour pour toi.

It's true : C'est vrai.

I am totally head over heels : Je suis complètement (éperdument) amoureux (littéralement tête par-dessus chevilles, *to be head over heels in love*).

I just can't believe it : Et je n'arrive pas à le croire.

I can't stop thinking about you : Je n'arrête pas de penser à toi.

Night and day : Nuit et jour.

Your beautiful face : Ton beau visage.

Little sexy body : Petit corps sexy.

I am dying to make love to you : Je meurs d'envie de te faire l'amour.

I would give anything to be with you right now : Je donnerais tout pour être avec toi tout de suite.

Holding you in my arms : À te tenir dans mes bras.

The breeze playing over your tanned body : (Avec) le vent qui joue sur ton corps bronzé.

Damn I can't wait : Aïe aïe aïe ! Je ne peux plus attendre.

Maybe we can go on a short trip to a beach somewhere soon ? : Peut-être qu'on pourrait se faire un petit voyage à la plage quelque part bientôt ?

What do you think ? : Qu'est-ce que t'en penses ?

Desperately horny : Qui a trop envie (*to be horny* : avoir envie de sexe, argot/vulgaire).

Lui dire qu'il est beau

Il y a plusieurs façons de décrire un bel homme. En langage élégant on dira : *a handsome man* (un bel homme) ; *a gorgeous man* (un homme très beau) ; *an attractive/good-looking man* (un homme beau/attirant) ; *an Adonis* (dieu grec de la beauté). Et en langage argotique : *hunk* (beau mec bien musclé) ; *stud* (mec très masculin, légèrement péjoratif) ; *knockout* (très bel homme ; littéralement, *il vous met KO*) ; *beefcake* (un mec super musclé) ; *he-man* (macho, masculin) ; *sexy/pretty boy* (sexy/beau garçon, *boy* étant déjà une version sexy de *man*) ; *sex bomb* (bombe *sexy* mais pas quelqu'un qui fait bien/souvent l'amour comme en français) ; *sex god* (dieu du sexe) ; *Greek god* (dieu grec) ; *doll* (poupée) ; *hottie* (très hot, sexy) ; *love/sex muffin* (gâteau d'amour) ; *fox* (homme sexy/beau, *fox* = renard).

Et comment dire qu'une femme est belle ? En langage élégant : *a pretty/a beautiful woman* (une belle femme) ; *a gorgeous woman* (très belle femme) ; *an attractive woman* (une femme attirante) ; *a beauty* (une beauté). Et en argot : *bombshell* (une bombe) ; *doll* (poupée) ; *honey* (nana sexy/mignonne, *honey* = miel) ; *hottie* (fille/femme sexy, chaude) ; *sex goddess* (déesse du sexe) ; *love goddess* (déesse de l'amour) ; *sex bomb* (bombe sexy, mais n'a pas le sens de « qui fait bien/souvent l'amour ») ; *babe* (nana sexy) ; *hot chick* (nana sexy/chaude) ; *fox* (sexy/belle) ; *foxy/sexy lady* (belle nana) ; *hot/sexy mama* (nana sexy/chaude).

Voulez-vous coucher avec moi... ?

to make love (to someone)	faire l'amour avec quelqu'un
to have sex (with someone)	faire l'amour avec quelqu'un
to sleep with someone	coucher avec quelqu'un
to spend the night with someone	passer la nuit avec quelqu'un
to have sexual intercourse with someone (très technique)	avoir des rapports sexuels avec quelqu'un

À SAVOIR

Foreplay (préliminaires) ; *to kiss* (embrasser) ; *to French kiss* (rouler une pelle) ; *to make out* (argot) (se bécoter) ; *to caress* (caresser) ; *sexual intercourse* (pénétration) ; *oral sex* (sexe oral) ; *missionary position* (position du missionnaire) ; *doggy style/to be taken from behind* (argot) (la levrette/être prise par derrière) ; *orgasm/climax* (orgasme) ; *to be on top* (être au dessus).

Vouloir faire l'amour

to desire someone, to feel desire for someone	désirer quelqu'un, sentir du désir pour quelqu'un
to want someone	avoir envie de quelqu'un
to have the hots for someone (argot)	avoir envie de quelqu'un, être attiré par quelqu'un
to be horny for someone (vulgaire mais très courant)	avoir envie de quelqu'un
to be hot for someone (argot)	avoir envie de quelqu'un
I want you !	J'ai envie de toi !
I want you right here right now !	Je te veux ici, tout de suite !

I must have you !	Je dois absolument te faire l'amour/tu dois à tout prix être à moi
I want to make hot passionate love to you !	Je veux te faire un amour chaud et passionné (un peu caricatural, à dire avec de l'humour)
I want to make hot sticky love to you !	Je veux te faire un amour chaud et collant (aussi un peu caricatural et à dire avec de l'humour)

Un peu d'argot

Cul : *ass* (US), *arse* (GB), *bum* (GB), *butt* (US) ; seins : *tits/titties, rack, boobs/boobies, tatas, jugs, knockers, hooters* ; testicules : *balls, nuts* (littéralement noix), *nads, nutsack* (sac de noix), *family jewels* (bijoux de la famille) ; pénis : *dick, cock, willy* (GB), *boner, pecker, prick, dong, schlong, wang* ; vagin : *cunt, pussy, bush, twat, snatch, gash, beaver* (littéralement, castor), *crack, muff, clit* (clito).

Vulgaire pour le sexe : baiser : *to fuck, to screw, to get it on, to bang, to shag* (GB), *to bonk* (GB), *to bone* ; sexe oral : (femme) cunnilingus, *to eat (her) out (to be eaten out, he ate me out*, être la bénéficiaire de l'acte), *to go down on (her)* (*he went down on me*, il m'a...) ; (homme) : fellatio, *blow job* (sucette), *to blow (someone), to suck (someone) off, to give head, to go 69* (pareil).

PARLONS UN PEU !

Allez, c'est l'heure « *sex and the paresseuses* » : vous racontez aux copines vos expériences du week-end...

Vous : *So... I had this amazing weekend in the Bahamas !*
Gina : *Oh no way ! You mean with Dave to die for ?*

Vous : *Yes... It was lovely, absolutely lovely !*
Hally : *And ?*
Vous : *And what ?*
Hally : *The sex ! Tell us about the sex ?*
Vous : *Oh no complaints !*
Gina : *That doesn't give us any details... What did he do ? What's his body like ? I mean his...*
Hally : *Dong ! Gina wants to know if he has a big broomstick !*
(Vous rigolez toutes les trois.)
Vous : *Oh come on... Don't be crude ! You know what they say ! Size doesn't matter ! It's what you do with it that counts !*
(Elles rigolent.)
Hally : *So it's small !*
Vous : *No ! No it's not ! But it didn't matter because... he did everything !*
Hally : *No !*
Vous : *Oh yes !*
Gina : *He went down on you ?*
Vous : *And how !*
Gina : *A first-rate muff-diver too huh ! Caramba ! Handsome, rich, elegant and great in the sack ! Don't let go of him !*
Vous : *I'm not planning to !*
Hally : *So what's next ? How long have you guys been going out ? Six months now ?*
Vous : *Yeah...*
Gina : *So has he said it yet ?*
Vous : *What ?*
Gina : *You know the 'l' word...*
Vous : *Well he's said he's in love with me, but does he love me ! I don't know !*
Hally : *And do you ?*
Vous : *I adore him ! I am totally smitten ! Totally obsessively disgustingly !*
Hally : *Damn ! I wish I had someone like that ! I haven't been swept off my feet in years !*
Gina : *That's because you don't find anyone with a big enough broomstick !*
Hally : (en rigolant) *But what now ? I mean where's the relationship going ?*
Vous : *I don't know... I'm letting it meander for the moment ! Don't want to put any pressure on him, you know how it is !*

Gina : *Oh I hate that word ! Pressure ! Why is it that wanting some sort of emotional involvement means putting pressure on someone ! What has the world come to !*
Hally : *But tell us, did you... ?*
Vous : *What ?*
(Les copines se regardent.)
Gina : *Come ! Did you have an orgasm !*
Vous : *Are you kidding ? Not once but four times !*
Hally : *Damn ! Well just don't marry the guy whatever you do ! You'll find the orgasms fading ! And the boredom growing !*
Gina : *Oh don't be so cynical !*
Hally : *No I'm serious ! Four orgasms in unholy memory is better than none in holy matrimony...*
Vous : *You're both crazy !*

Vocabulaire

I had this amazing weekend in the Bahamas ! : J'ai passé un week-end incroyable aux Bahamas !

No way ! : Nooon !/pas vrai !

You mean with Dave to die for ? : Tu veux dire avec Dave le dieu ? (*To die for* : si bon qu'on a envie de mourir pour... ; un jeu de mots avec *D*, la lettre initiale de *Dave* et de *Die*.)

It was lovely : C'était magnifique.

Tell us about the sex : Parle-nous du sexe.

No complaints : Rien à dire, parfait.

That doesn't give us any details : Ça ne nous donne pas beaucoup de détails.

What's his body like ? : Son corps est comment ?

I mean his... : Je veux dire son...

Dong : (Sa) bite.

Gina wants to know if he has a big broomstick : Gina veut savoir s'il a un gros *balai* (jeu de mots inventé par Gina, *pas* un mot argotique pour le pénis).

Oh come on... : Oh là là, allez, arrête !

Don't be crude ! : Ne sois pas grossière !

You know what they say ? : Tu sais ce qu'on dit ?

Size doesn't matter : La taille ne compte pas.

It's what you do *with it that counts* : Le plus important c'est ce qu'on fait avec.

So it's small : Donc c'est petit.

No it's not : Non, même pas vrai (ça ne l'est pas) !

But it didn't matter *because he did everything !* : Mais ce n'est pas important parce qu'il a tout fait !

Oh yes *!* : Oh que oui !

He went down on you ? : Il t'a léchée ?

And how *!* : Et comment !

A first-rate muff-diver too huh : Un plongeur de première qualité aussi donc (*diver* : plongeur, *muff* : argot vulgaire pour vagin).

Handsome, rich, elegant and great in the sack : Beau, riche, élégant et superdoué au lit (*sack* : argot pour lit ; *to be good in the sack* : être doué pour le sexe).

Don't let go of him ! : Ne le lâche pas !

I'm not planning *to* : Je ne compte pas le faire.

So what's next ? : Alors, c'est quoi la suite ?

How long have you guys been going out ? : Ça fait combien de temps que vous sortez ensemble (*to go out with someone* : sortir avec quelqu'un) ?

So has he said it yet ? : Alors, il l'a dit ou pas ?

You know the 'l' word... : Tu sais le mot qui commence par « l » (*love*)... (On dira aussi *the m word* pour *marriage*.)

He's said he's in love with me : Bon, il m'a dit qu'il était *amoureux* de moi.

But does he love me ! : Mais est-ce qu'il m'aime !

I am totally smitten : Je suis totalement amoureuse (*smitten*, du verbe archaïque *to smite* : frapper ; seul le mot *smitten* conserve son usage moderne).

Totally obsessively disgustingly... : Totalement, obsessionellement, à s'en dégoûter...

Damn ! : Mince ! (Merde ! Putain !)

I wish I had someone like that : J'aurais voulu avoir quelqu'un comme ça.

I haven't been swept off my feet in years ! : Ça fait des années que quelqu'un ne m'a pas rendue folle amoureuse ! (*To be swept off your feet*, « Être rendue follement amoureuse », littéralement : « Être balayée à en voler/tomber. »)

That's because you don't find anyone with a big enough broomstick : Ça c'est parce que tu ne trouves jamais personne qui ait un *balai* suffisamment grand (jeu de mots sur *broom* [balai] et *to sweep* [balayer]).

But what now ? : Alors qu'est-ce qui se passe/vous faites quoi maintenant ?

I mean where's the relationship going ? : Je veux dire, où va la relation ?

I'm letting it meander for the moment : Je laisse filer pour le moment (*to meander* : avancer sans but précis).

Don't want to put any pressure on him : Je ne veux pas lui mettre la pression (le sujet, *I*, est omis).

You know how it is ! : Tu sais comment c'est !

I hate that word : Je déteste/je hais ce mot.

Why is it that wanting some sort of emotional involvement means putting pressure on someone ? : Pourquoi le simple fait de vouloir un engagement affectif avec quelqu'un (ça) veut dire mettre la pression sur lui ?

What has the world come to ! : Où va le monde !

But tell us, did you... : Mais dis-nous, tu as...

Come ! Did you have an orgasm : (Est-ce que tu as) joui ! Tu as eu un orgasme (*to come* : argot pour *jouir*).

Are you kidding ? : Vous plaisantez, bien sûr ! (*Are you kidding,* selon le contexte : Tu veux rire, tu plaisantes, bien sûr ; ici *bien sûr.*)

Not once but four times : Quatre fois, figure-toi (on dit *not once but* pour souligner le fait).

Well just don't marry the guy whatever you do ! : Bon, mais n'épouse pas le mec, quoi que tu fasses !

You'll find the orgasms fading : Tu trouveras que les orgasmes diminuent.

And the boredom growing... : Et que l'ennui monte...

Don't be so cynical ! : Ne sois pas si cynique !

Four orgasms in unholy memory is better than none in holy matrimony : Quatre orgasmes dans un souvenir décadent c'est mieux que zéro dans un mariage saint (jeu de mots sur *holy matrimony*, ainsi que le dit le prêtre lors d'une cérémonie de mariage, *holy* : sacré, saint ; et *unholy* : dégradé, décadent).

You're both insane ! : Vous êtes toutes les deux folles !

Les aventures

Il y a plusieurs mots pour parler d'une brève aventure amoureuse : *one night stand* (aventure d'une nuit) ; *love affair* (une aventure ou une histoire limitée dans le temps) ; *passionate/intense love affair* (une histoire limitée dans le temps mais pleine de passion) ; *liaison/affair* (un peu péjoratif, souvent une aventure secrète) ; *whirlwind romance* (un histoire très passionnelle de très courte durée ; *whirlwind* (une tornade), *summer romance* (histoire d'un été).

True Love

Et enfin nous arrivons au véritable, grand, parfait amour : l'amour avec un grand A. Enfin, on croise les doigts... Et puis, qu'il soit avec un grand *A* ou un petit *a*, nous essaierons de trouver les mots pour en parler, en n'oubliant pas que jusqu'à présent on n'a pas encore (heureusement) réussi à déchiffrer son mystère ! On parlera aussi de la fin d'une histoire, puisque (malheureusement) c'est aussi courant, enfin *presque*, que le grand amour lui-même...

CHAPITRE 7

LA GRAMMAIRE DES PARESSEUSES

Each other, one another, together : pour exprimer *l'un et l'autre/entre eux*, une action qui implique deux personnes (nous nous aimons, nous nous voyons) et le mot *ensemble* on emploiera en anglais *each other, one another, together* : *We love each other very much*, « Nous nous aimons beaucoup », *They have a lot of respect for one another*, « Ils se respectent énormément (entre eux) », *They still love each other a lot even though they live and work together*, « Ils continuent à s'aimer beaucoup même s'ils vivent et travaillent ensemble », *Do you get along with each other's families ?*, « Vous vous entendez avec vos familles respectives ? »

Les sables mouvants de l'amour

Nous savons toutes que décrire une relation amoureuse est quasiment mission impossible... Alors tentons juste une incursion dans le dédale des relations amoureuses pour essayer d'y comprendre quelque chose. Et pour pimenter un peu les choses, en anglais, bien sûr. D'une langue à l'autre, sait-on jamais...

Vous sortez avec lui mais vous n'êtes pas sûre de l'avenir (*début* d'une relation ? une brève aventure passionnelle ? *vous* avez envie mais pas lui ?)

To go out with someone	Sortir avec quelqu'un (pour un soir ou plus)
To be going out with someone	Sortir régulièrement avec quelqu'un
To be dating someone	Sortir souvent avec quelqu'un (début d'une relation)
To be seeing someone	Sortir régulièrement avec quelqu'un avec un *potentiel* de relation stable

To have someone in your life	Sortir avec quelqu'un avec un *gros espoir* (surtout de votre côté) de relation stable

Remarque : *To go out* signifie *sortir* sans connotation de permanence, mais *to be going out* voudra plutôt dire *sortir ensemble*... Bien évidemment, il faut tempérer avec le *present continuous* qui va un peu brouiller les pistes !

Je sors, tu sors, il sort, nous sortons...

So I'm going out with this guy called James, he's adorable !	Alors je sors avec ce mec qui s'appelle James, il est adorable !
But are you guys really going out ? I mean is it serious ?	Mais vous êtes ensemble ? C'est sérieux ?
I don't know ! I've been going out with him for a couple of months now but I don't know if we're going out ! I mean if it's official !	Je ne sais pas ! Je sors avec lui depuis un mois maintenant, mais je ne pourrais pas te dire si nous sommes ensemble ! Je veux dire si c'est officiel !
I'm dating this guy I met last month at work ! He's incredibly sexy !	Je sors avec ce mec que j'ai rencontré le mois dernier au boulot ! Il est super sexy !
How long have you been dating ? I mean are you dating him exclusively ?	Depuis combien de temps tu sors avec lui ? Je veux dire, tu ne sors qu'avec lui ?
Guess what ? I'm seeing someone !	Devine quoi ! Je sors/suis avec quelqu'un !
Really that's great ! What's he like ?	Oh super ! Il est comment ?

| *He's fabulous ! Oh it's so nice to have someone in my life again !* | Il est génial ! Oh ça fait tellement de bien d'avoir de nouveau quelqu'un dans ma vie ! |

Tomber amoureuse, quand ça commence à devenir plus sérieux

To get/to become involved	Tomber amoureuse
To fall in love	Tomber amoureuse
To start to have feelings for someone	Avoir des sentiments pour quelqu'un (commencer à tomber amoureuse)

Remarque : *To get/to become involved* fera allusion également à d'autres types de relations humaines qui s'approfondissent (*to get involved* : s'impliquer, *to be involved* : être impliqué).

Je sens que je tombe amoureuse...

Shit, I promised myself I wouldn't get involved but I think I am...	Merde, je m'étais jurée que je ne tomberais pas amoureuse mais je crois que c'est fait...
I can feel it ! I'm falling in love !	Je le sens, je tombe amoureuse !
Damn it ! I'm starting to have feelings for this guy and I don't know if it's mutual !	Mince, je commence à avoir des sentiments pour ce type et je ne crois pas que ce soit réciproque !

Quand c'est stable voire *très* stable

To be in a relationship	Être dans une relation amoureuse
To be in a serious relationship	Être dans une relation sérieuse
To be with someone/to be together (on dira we are together)	Être avec quelqu'un
To be involved with someone	Avoir une relation forte avec quelqu'un
To be seriously involved with someone	Être en relation très sérieuse
To live together	Vivre ensemble, le concubinage
Boyfriend, partner, life partner	Copain, ami, petit ami (*life partner* : quelqu'un avec qui on vit)
Girlfriend, partner, life partner	Copine, amie, petite amie
Fiancé (to be engaged)	Fiancé (être fiancé)
Lover	Amant

Remarque : Le mot *relationship* s'applique aussi à tout type de rapport social : on dira donc *I usually have good relationships with people* (j'ai généralement de bons rapports avec les gens).

Contraception

Contraceptives (moyens de contraception) ; *the pill* (*to be on the pill, to take the pill*) (pillule, prendre la pillule) ; *condom* (*to use a condom*), (préservatif, utiliser un préservatif) ; *diaphragm* (diaphragme) ; *IUD* (stérilet) ; *sponge* (éponge) ; *spermicide gels* (gels spermicides).

Le mariage : *To propose to someone*, « Demander quelqu'un en mariage » ; *He proposed to me !*, « Il m'a demandée en mariage » ; *Jim has asked Lena to marry him !*, « Jim a demandé à Lena de l'épouser » ; *Marry me !*, « Épouse-moi » ; *It's so romantic ! Harry got down on his knees and asked me to marry him/proposed to me !*, « C'est tellement romantique, Harry s'est agenouillé pour me demander en mariage/de l'épouser. »

Ça roule !

It's so nice to be in a relationship again !	Ça fait tellement de bien d'être de nouveau dans une relation stable !
Oh yes, I would definitely say we're in a serious relationship !	Ah oui, je dirais vraiment qu'on est dans une relation sérieuse !
Well ! Jerry and I are officially together !	Et voilà ! Jerry et moi sortons ensemble ! C'est officiel !
Are you involved with anyone right now ?	Vous avez/tu as une relation avec quelqu'un en ce moment ?
Yes I would say I am very seriously involved with someone...	Oui, je dirais que je suis dans une relation très sérieuse en ce moment...

LA GRAMMAIRE DES PARESSEUSES

Les phrases utilisant la conjonction de subordination *if* (si) se construisent de la même façon en anglais qu'en français. On dira : *I'll die if he leaves me* (je mourrai s'il me quitte), *I would die if he left me* (je mourrais s'il me quittait), *I'd die if he were to leave me* (je mourrais s'il venait à me quitter), *Do it if you like* ! (fais-le si tu veux !).

PARLONS ENCORE UN PEU !

Et ça continue...

Gina : *So ! Tell us the latest on your relationship with Dave the deliriously dashing !*
Hally : *Oh yes ! Do tell ? Are wedding bells ringing ? Or at least in the offing ?*
Vous : *No... I mean we get along brilliantly ! We're incredibly compatible !*
Gina : *But...*

Vous : *Well, I don't know ! I mean it's definitely an intense relationship, but is it serious ? I just don't know !*
Gina : *Well how involved are you ? Do you want something permanent ?*
Vous : *I don't know ! I guess so ! I mean I'd be devastated if we broke up !*
Hally : *How long have you guys been going out now, seven months ?*
Vous : *Yeah...*
Gina : *So ? It's a relationship ! Time plus fidelity equals relationship.*
Vous : *Yeah but how do you know if it's serious ? Is it because you see each other all the time ?*
Hally : *Well you are together aren't you ? I mean you see only each other ! You meet each other's friends and family...*
Vous : *No we don't !*
Gina : *You don't ? Oh well ! You can't be in a serious relationship if you don't meet each other's friends and family !*
Hally : *Yeah you're involved but not serious !*
Vous : *Oh god it's a maze this whole relationship thing !*
Gina : *Tell me about it ! I wouldn't touch relationships with a bargepole !*
Hally : *Yeah ! Be in love ? Anyday ! But handling a relationship, no way ! It's just too much work !*

Vocabulaire

Tell us the latest on your relationship : Donne-nous les dernières nouvelles sur ta relation.

With Dave the deliriously dashing... : Avec Dave le *délirieusement* craquant (*dashing* : élégant, suave)...

Do tell : Oui dis-nous tout ! (Ajouter *do* devant un verbe met l'accent sur le verbe : *do come visit us* , « Oui surtout venez nous voir ! »)

Are wedding bells ringing ? : Est-ce qu'on entend le son des cloches (du mariage) ?

Or at least in the offing : Ou au moins commence-t-on à les préparer (*to be in the offing* : quelque chose qui se prépare).

We get along brilliantly : On s'entend super bien (*to get along* : s'entendre).

We're incredibly compatible : Nous sommes très compatibles.

But... : Mais...

I mean it's definitely an intense relationship : Oui, c'est une relation très intense.

But is it serious ? I just don't know : Mais est-ce que c'est sérieux ? Je ne sais vraiment pas.

Well how involved are you *?* : Mais toi, est-ce que tu te sens attachée/amoureuse ? (L'emphase sur *you* assure le sens : et *toi* par opposition à : *vous deux*.)

Do you want something permanent ? : Toi aussi tu veux (recherches) quelque chose de permanent ?

I guess so : Je suppose que oui.

I mean I'd be devastated if we broke up : Je serais anéantie si on devait rompre.

How long have you guys been going out now ? : Vous sortez depuis combien de temps maintenant ?

So ? It's a relationship : Eh bien ! C'est une relation sérieuse.

Time plus fidelity equal relationship : Le temps plus la fidélité égalent relation sérieuse.

How do you know if it's serious ? : Mais comment sait-on que c'est sérieux ?

Is it because you see each other all the time ? : Est-ce parce qu'on se voit tout le temps ?

Well you are together aren't you ? : Mais vous êtes ensemble non ?

I mean you see only each other : Je veux dire vous vous voyez seuls.

You meet each other's friends and family : Vous rencontrez vos amis et vos familles.

Well you can't be in a serious relationship if you don't meet each other's friends and family : Alors on ne peut pas être dans une relation sérieuse si on ne rencontre pas les amis et la famille de l'un et de l'autre.

You're involved but not serious : Vous êtes ensemble/vous avez des sentiments l'un pour l'autre mais ce n'est pas sérieux.

It's a maze this whole relationship *thing* : C'est un vrai dédale, les relations amoureuses

Tell me about it ! : À qui le dis-tu !

I wouldn't touch relationships with a bargepole : Moi je n'y touche plus (aux histoires d'amour/relations amoureuses). (*Bargepole* : rame qu'on utilise sur les barges.)

Be in love ? Anyday ! : Être amoureuse, pas de problème ! (*Anyday* : n'importe quand.)

But handling a relationship, no way ! : Mais gérer une relation, non merci !

It's just way too much work ! : C'est vraiment trop de boulot !

LA GRAMMAIRE DES PARESSEUSES

- *Rarely, hardly (ever), barely, just about* : quand on parle d'une chose qu'on fait peu ou pratiquement jamais, on emploie *hardly* et *rarely* : *I hardly do any work on Fridays*, « Je ne travaille presque pas le vendredi* », *We rarely talk to each other anymore*, « On ne se parle presque plus, lui et moi. » On emploiera *barely* et *just about* pour exprimer l'idée de « à peine » : *I had barely finished eating when he walked in*, « J'avais à peine fini de manger quand il est rentré », *I had just about finished eating when he walked in*, « J'avais à peine fini de manger quand il est entré. »
* « Je ne fais presque rien (comme travail) le vendredi,/je travaille très peu le vendredi »

CHAPITRE 7

- En anglais, on utilise *you* (tu) là où le français utilise les pronoms indéfinis « on » et « il » impersonnels : *You have to be crazy to fall in love !*, « Il faut être fou pour tomber amoureux », *You can't get into that club if you don't know someone on the inside*, « On ne peut pas rentrer dans cette boîte sans y connaître quelqu'un. » On utilisera aussi *they* dans certains contextes : *They'll stop you at the door if you don't have proper ID*, « On t'arrêtera à la porte si tu n'as pas une pièce d'identité », *You know what they say...*, « Tu sais ce qu'on dit... »

Et enfin... quand il faut rompre

Rompre en anglais c'est *breaking up*... Et puisqu'il faut rompre, rompons tout de suite !

Les mots clés

To break up, breaking up	Rompre
To end a relationship	Rompre/mettre fin à une relation
To stop seeing someone	Ne plus voir quelqu'un/arrêter de voir quelqu'un
To end it (the relationship)	Y mettre fin (à la relation)
To not be together anymore	Ne plus être ensemble
To not see each other anymore	Ne plus se voir/être ensemble
To stop going out (with someone)	Ne plus se voir/ne plus sortir avec quelqu'un
To leave someone	Quitter quelqu'un
To dump someone/to be dumped (argot)	Larguer/plaquer quelqu'un, se faire larguer/plaquer

On a rompu parce que… (*We broke up because…*)

We weren't getting along anymore !	On ne s'entendait plus !
We were having problems…	On avait des problèmes…
He had an affair !	Il a eu une liaison !
We were both unfaithful !	On a été infidèles tous les deux !
He cheated on me !	Il m'a trompée !
I felt very betrayed !	Je me suis sentie vraiment trahie !
I found out he was sleeping with my best friend ! (très Hollywood)	J'ai découvert qu'il couchait avec ma meilleure amie !
He hurt me !	Il m'a blessée !
I dumped him, I couldn't take it anymore !	Je l'ai largué, je n'en pouvais plus !
Have you heard ? He left his wife, it's awful !	Vous avez entendu ? Il a quitté sa femme, c'est affreux !

L'infidélité

To cheat (on someone), argot, (tromper quelqu'un) ; *to be unfaithful* (être infidèle) ; *to have an affair* (avoir une liaison) ; to commit (an) infidelity (être infidèle) ; *to have sex with someone else, to sleep with someone else* (coucher avec quelqu'un d'autre) ; *to have a roving eye* (regarder les autres femmes, littéralement *avoir un œil qui balaye le paysage*).

CHAPITRE 7

Tout est fini !

We broke up !	Nous avons rompu !
We're breaking up...	On va rompre...
Breaking up is really tough !	Les ruptures, c'est vraiment dur !
Break ups are horrible !	Les ruptures, c'est vraiment horrible !
We decided to break up...	On a décidé de rompre...
We decided to end it...	On a décidé d'y mettre fin...
We're not seeing each other anymore ! It's so sad !	On ne se voit plus/on n'est plus ensemble ! C'est tellement triste !
We're not together anymore and I for one am relieved !	Nous ne sommes plus ensemble et moi j'en suis plutôt soulagée !
We stopped going out ages ago !	Ça fait des lustres qu'on est plus ensemble !
I don't believe it, I got dumped again ! (argot)	Je ne le crois pas, je me suis fait larguée encore une fois !
He broke my heart !	Il m'a brisé le cœur !
I am heart-broken !/I am broken-hearted !	J'ai le cœur brisé !

J'en ai marre !

Les expressions *I'm sick of, I'm tired of, I've had it, I'm fed up with, I've had enough, I can't take it anymore* servent toutes à exprimer une seule et même chose : en avoir assez, marre, par dessus la tête... : *I'm sick of being alone !*, « J'en ai marre d'être seule » ; *I'm tired of life without love !*, « J'en ai marre de la vie sans amour » ; *I've had it with this guy !*, « J'en peux plus de ce type ! » ; *I can't take it anymore !*, « Je n'en peux plus ! » ; *I'm fed up with you !*, « J'en ai marre de toi ! » ; *I've really had enough !*, « Vraiment là, je n'en peux plus ! » ; *I simply/I just can't take it anymore !*, « Vraiment je n'en peux plus ! » ; *I'm sick to death of this guy !*, « J'en ai vraiment trop marre de ce mec ! », *I don't think I can take much more*, « Je ne crois pas que je puisse en supporter beaucoup plus ! » Plus vulgairement, on dira : *This is bullshit/horseshit !*, « Ça c'est du n'importe quoi ! » *Bullshit* et *horseshit* signifiant respectivement « merde de taureau » et « merde de cheval »... À vous de choisir votre bête !

PLEURONS UN PEU !

Eh oui, ça arrive à tout le monde ! Votre belle histoire d'amour avec Dave, c'est fini...

Vous : *Well it had to happen I suppose ! We broke up ! I still can't believe it !*
Gina : *But I don't understand ! You were getting along so well together !*
Vous : *I know !* (avec un soupir) *God I hate break ups !*
Hally : *Yeah... Why is it that the beginnings are always so much nicer than endings !*
Gina : *Yeah ! Why isn't life like the movies ! Just happy endings all the time !*
Vous : *Yeah well it isn't ! Life sucks !*
Hally : *No no, it isn't life that's the problem, it's men ! Can't live without them, can't castrate them ! It's a dilemma !*
Vous : *Good lord, that's a bit extreme isn't it ?*
Gina : *No, for Hally it's actually quite moderate ! But tell me, how did you officially break up ?*
Vous : *We didn't ! He just stopped returning my calls !*
Gina : *Since when ?*
Vous : *Since last week !*
Gina : *Just like that ? Out of the blue ?*
Vous : *Well we had a bit of an argument but I thought it was over !*
Hally : *So you haven't had the break-up letter ? Or even the phone call ?*
Vous : *No ! So I can't get any closure on it !*
Hally : *Well just sleep with someone else and forget about it !*

Vous : *Sounds delightful ! But I hope we can remain friends !*
Hally : *I'm sure you will, don't worry about it !*
Gina : *Yeah chin up Frenchie ! I'm sure it'll work out fine !*

· ·

Vocabulaire

Well it had to happen I suppose : Bon ben, je suppose que ça devait arriver.

We broke up : Nous avons rompu.

I still can't believe it : Je n'arrive toujours pas à le croire.

You were getting along so well *together !* : Vous vous entendiez tellement bien !

I hate break ups : Je déteste les ruptures.

Why is it that the beginnings are always so much nicer than endings ? : Pourquoi les débuts sont toujours mieux que les fins ?

Why isn't life like the movies ? : Pourquoi la vie ce n'est pas comme au cinéma ?

Just happy endings all the time ! : Que des *happy endings* tout le temps (*happy endings* : fins heureuses) !

Well it isn't : et bien la vie n'est pas ainsi.

Life sucks : la vie est chiante (sucks : expression très courante mais très vulgaire).

It isn't life that's the problem, it's men : Ce n'est pas la vie qui pose problème, c'est les hommes.

Can't live without them, can't castrate them : On ne peut pas vivre sans eux, on ne peut pas les castrer non plus.

It's a dilemma ! : C'est un dilemme !

Good lord ! : Oh là là ! (Mon Dieu !)

That's a bit extreme isn't it : C'est un peu extrême, non ?

For Hally it's actually quite moderate : Venant de Hally c'est assez modéré en fait.

But tell me, how did you officially break up ? : Mais dis-moi, comment vous avez rompu officiellement ?

We didn't : On ne l'a pas fait.

He just stopped returning my calls : Il a juste arrêté de répondre à mes appels.

Since when ? : Depuis quand ?

Since last week : Depuis la semaine dernière.

Just like that ? : Comme ça ?

Out of the blue ? : Sans prévenir ? (*Out of the blue* : littéralement « de quelque part dans le ciel ».)

We had a bit of an argument : On s'est disputés un peu (*argument* : dispute).

But I thought it was over ! : Mais je croyais que c'était fini !

You haven't had the break-up letter ? : Tu n'as pas reçu la lettre (de rupture) ?

Or even the phone call ? : Ni même l'appel ?

So I can't get any closure on it : Donc je ne peux pas faire mon deuil / Je ne peux donc pas faire une croix là-dessus (*closure* : fermeture, clôture).

Well just sleep with someone else and forget about it : Eh bien couche avec quelqu'un d'autre et *oublie*.

Sounds delightful ! : Ah oui bravo / Ça m'a l'air génial (dit avec ironie bien sûr...) !

Don't worry about it : ne t'en fais pas.

Chin up Frenchie ! I'm sure it'll work out fine ! : Remets-toi, la petite Française, je suis sûre que tout ira bien !

Tout ira bien !

Everything will be fine !, « Tout ira bien ! » ; *Don't worry !*, « Ne te fais pas de soucis ! » ; *It'll all turn out for the best, you'll see !*, « Tout ira pour le mieux, tu vas voir ! » ; *Things will turn out ok, I'm sure !*, « Tout ira bien, je suis sûre » ; *It'll be fine !, Everything will be all right !, It'll be all right !*, « Tout ira bien ! »

LA GRAMMAIRE DES PARESSEUSES

Since, for : deux prépositions pour dire *depuis*. *For* exprime la durée : *I've been in Paris for three years now*, « Je suis à Paris depuis trois ans maintenant » ; alors que *since* permet d'indiquer le point de départ de cette durée : *I've been in Paris since 2004*, « Je suis à Paris depuis 2004. »

AMOUR ET SEXE

DIX FAÇONS DE TROUVER LE *LOVE* EN ANGLAIS

1. N'ayez pas peur du *flirting*.

Hi, where are you from ? Oh Sweden ? I love Sweden ! / What do you do ? / Oh wow that's interesting ! / Hi, have you been here before ? / What's a good drink here ? / Excuse me, has anyone ever told you, you look exactly like the French actor Jean Gabin ? / Hi has anyone ever told you, you are drop-dead gorgeous ? / Wow, I don't usually say this, but I love your car !

2. Arrangez un rendez-vous.

A date ; a romantic engagement ; to have a date (with someone) ; to go out on a date ; to go out with someone. I'm going out on a date with my neighbor ! / I have a date tonight ! / I'll pick you up at seven ! / Why don't we meet at the bar at about eight ? / Shall we meet at the bar at nine ? / Let's meet at the restaurant at seven !

3. Faites attention aux dragueurs !

You're the most beautiful woman I've ever seen ! / Have dinner with me (please) ! / Say you'll go out with me (please) ! / Marry me ! / Your place or mine ? / Where have you been all my life ? ! / Has anyone ever told you, you look like Britney Spears ?

4. Sachez répondre aux dragueurs.

Maybe some other time ! / I don't think so ! / I'm busy ! / Thanks but no thanks ! / Sorry I'm with someone ! / Maybe in the next life ! / How about NOT ! / You've GOT to be kidding ! / In your dreams ! / Uh, I have to go now ! / Forget it ! / No way !

5. Vos déclarations d'amour.

I'm (really) attracted to him/you ! / I'm sweet on him ! / I'm in love with him ! / I'm madly in love with him ! / I'm desperately in love with him ! / I can't stop thinking about him ! / I'm head over heels in love with him !

6. Dites « je t'aime » et demandez-lui si...

I love you honey ! / I adore you baby doll ! / I'm crazy about you ! / I'm mad about you ! / I can't stop thinking about you ! / My sweetheart, I think about you all the time ! / Tell me you love me babycakes / I could eat you, you're so cute ! / Cutie pie ! / Do you love me ?/ Say you do ! Say you love me too ! / Do you love me ? / I love you so much !

7. Pimentez le tout avec un peu d'argot.

He's a hunk ; a knockout ; a major beefcake ; a sex bomb ; a sex god ; a doll ; a hottie ; She's a bombshell ; a sex goddess ; a hot chick ; He has a nice ass ; knockers ; tits ; dick ; pecker ; to screw. He went down on her / He got a blow job.

8. Parlez de sexe (sans complexe).

To make love (to someone) ; to have sex (with someone) ; to spend the night with someone ; to sleep with someone ; to desire someone, to feel desire for someone ; to be horny for someone. I want you right here right now ! / I must have you ! / I want to make hot passionate love to you !

9. Perdez-vous dans les dédales de l'amour...

I'm going out with this guy called James, he's adorable ! / But are you guys really going out ? Is it serious ? / I'm dating this guy I met last month at work ! / How long have you been dating ? / Are you dating him exclusively ? / Guess what ? I'm seeing someone ! / It's so nice to have someone in my life again ! / I'm starting to have feelings for him ! / I am falling in love ! / Oh yes, I would definitely say we're in a serious relationship ! / Are you involved with anyone right now ? / Jerry and I are officially together !

10. Apprenez les mots de la fin...

To break up ; breaking up ; to end a relationship ; to stop seeing someone ; to stop going out (with someone). We broke up ! / We decided to break up ! / We're not seeing each other anymore ! / We decided to end it ! / We were having problems ! / He had an affair ! / He cheated on me ! / I dumped him / I couldn't take it anymore ! / We weren't getting along anymore ! / We're not together anymore and I for one am relieved ! / Breaking up is really tough ! / I got dumped !

chapitre 8

Les voyages

LES VOYAGES

Come fly away...

Et voilà ! Il est déjà l'heure d'arrêter tout et de partir en vacances ! Fini le stress du boulot, le blues des amours ratées, les petits soucis de santé supportés toute l'année ! Maintenant il est temps de partir, d'oublier et de se ressourcer sous les cocotiers, en montagne, devant de nouveaux horizons, de nouvelles amours... *So, fasten your seatbelts and get ready for the ride !*, « Alors attachez vos ceintures et préparez-vous à voler ! »

Planifier et réserver...

Bien évidemment tout commence par la planification et la réservation, et, en général, vous réservez votre départ auprès d'une agence ou d'une entreprise *française*... N'est-ce pas ? Mais êtes-vous prête à changer votre billet d'avion à... Dublin ? Réserver une voiture de location une fois arrivée à... San Francisco ? Pas vraiment ? Les pages qui suivent sont pour vous !

Passeports, visas, ambassades...

Visas, ambassades : *to apply for a visa* (faire une demande de visa) ; *to get a visa* (obtenir un visa) ; *to get a passport* (obtenir un passeport) ; *passport (size) photo* (photo de passeport) ; *embassy* (ambassade) ; *consulate* (consulat) ; *French/Australian/Indonesian consulate* (consulat de France/d'Australie/d'Indonésie), *French/American/Ethiopian citizen* (avoir la nationalité française/américaine/éthiopienne) ; *nationality/citizenship* (nationalité).

CHAPITRE 8

L'avion

Réserver au téléphone

Vous êtes aux Bahamas et devez réserver un retour anticipé parce que votre toutou chéri s'est cassé une patte... Vous êtes à Goa et devez rentrer d'urgence pour empêcher le mariage de votre sœur avec votre ex... Bref, vous êtes à l'étranger et devez de toute urgence réserver au téléphone en anglais !

PARLONS UN PEU !

Vous appelez...

Vous : *Hello ?*
Messagerie : *You have reached the offices of Hal Airlines. Our offices are open from 9 a.m. to 6 p.m. everyday from Monday to Friday. If you are calling to make a reservation, please press 1 ; if you are calling about an existing reservation, press 2 ; for all other enquiries press 3 or stay on hold and an operator will take your call. Thank you for choosing Hal Airlines...*
(Après une petite attente.)
Agent : *Good morning Hal Airlines, how may I help you ?*
Vous : *Hello, I have a reservation to return to Paris on the 12th of June but I would like to prepone it please ?*
Agent : *Your name please, Ma'am...*
Vous : *Karin Foger...*
Agent : *That's Karen with an e ?*
Vous : *No, it's K-A-R-I-N, and the last name is Foger, F-O-G-E-R...*
Agent : *Just a minute...*
Vous : *Thank you...*
Agent : *O.K., I have you booked out on June 12 ? Ten-thirty in the morning, arrival in Paris at seven p.m.*
Vous : *Yes, but I'd like to change that please ?*
Agent : *I'm afraid that's impossible Ma'am, you'll have to buy a new ticket !*

Vous : *Oh god I was afraid of that… Can't I even pay a fine and change the date ?*
Agent : *No Ma'am…*
Vous : *O.K., well if I have no choice, can you tell me what the availability is please ? For flights out before the twelfth ? Starting tomorrow ?*
Agent : *Well, we have plenty of seats available anytime between now and the first of July…*
Vous : *And the rate ?*
Agent : *The fare for that will be, one moment…*
Vous : *O.K…*
Agent : *560 dollars including tax…*
Vous : *Ouch ! Don't you have any discounted tickets at all ?*
Agent : *Well that is our discounted fare Ma'am. I suggest you try one of the tour operators in town ! They should be able to get you a cheaper ticket !*
Vous : *O.K. thanks…*
Agent : *Would you like me to go ahead and cancel that return for you ?*
Vous : *Uh no, not until I get a new ticket, thanks.*
Agent : *All right, you have a nice day Ma'am !*
Vous : *Thanks bye bye.*

Vocabulaire

You have reached the offices of… : Vous êtes bien aux bureaux de…

Our offices are open from 9 a.m. to 6 p.m. : Nos bureaux sont ouverts de 9 heures à 18 heures.

Everyday from Monday to Friday : Tous les jours du lundi au vendredi.

If you are calling to make a reservation, please press 1… : Si vous appelez pour faire une réservation, faites le 1…

If you are calling about an existing reservation… : Si vous appelez pour une réservation déjà faite…

For all other enquiries… : Pour tout autre renseignement…

Stay on hold and an operator will take your call : Restez en ligne et un opérateur prendra votre appel. (On entendra aussi : *Stay on hold for an operator.*)

Thank you for choosing... : Merci d'avoir choisi ...

How may I help you ? : Comment puis-je vous aider / En quoi puis-je vous être utile ?

I have a reservation to return to paris on the 12th of June : J'ai une réservation pour rentrer à Paris le 12 juin.

But I would like to prepone it please : Mais je voudrais partir avant, s'il vous plaît (*to prepone* : avancer ; *to postpone* : retarder, repousser une date).

Your name please ? : Votre nom, s'il vous plaît ?

That's Karin with an 'e' ? : C'est Karin avec un e (final) ?

It's K-A-R-I-N : C'est ... (le nom épelé).

And the last name is Foger : Et mon nom de famille est Foger.

I have you booked out on June 12 ? : Je vous vois réservée pour un départ le 12 juin (le point d'interrogation en anglais donne un ton poli à la phrase pourtant affirmative).

Ten-thirty in the morning arrival in Paris at seven p.m. : À 10 h 30 avec une arrivée à paris à 19 heures.

But I'd like to change that, please : Oui mais j'aimerais changer ça, s'il vous plaît.

I'm afraid that's impossible : Malheureusement c'est impossible.

You'll have to buy a new ticket : Il faudra que vous achetiez un autre billet (*new* : nouveau/neuf).

Oh god! I was afraid of that ! : Oh mon Dieu, je craignais que vous me disiez ça (*to be afraid of* : avoir peur de) !

LES VOYAGES

Can't I even pay a fine and change the date ? : Je ne peux même pas payer un surplus et changer la date ?

O.K., well if I have no choice... : Bon ben si je n'ai pas le choix...

Can you tell me what the availability is please ? For flights out before the twelfth ? : Pouvez-vous me dire ce qu'il y a (littéralement : quelles sont les disponibilités), s'il vous plaît, comme vols partant avant le 12 ?

Starting tomorrow : À partir de demain.

We have plenty of seats available anytime between now and the first of July : Nous avons plein de places de libres d'ici au 1ᵉʳ juillet (*between now and* : entre maintenant et...).

And the rate : Et le prix... (*Rate* : taux, *tarif* ; pour *tarif* on dira aussi : *fare, ticket price*.)

The fare for that will be... : Le prix de ce billet sera de...

560 dollars including tax : 560 dollars TTC.

Ouch ! : Aïe ! (Ça fait mal !)

Don't you have any discounted tickets at all ? : Vous n'avez aucun billet avec réduction ?

Well that is our discounted fare : Ça, c'est déjà notre tarif réduit (l'emphase sur *is* fait ajouter le *déjà* en français).

But I suggest you try one of the tour operators in town : Mais je vous propose d'essayer un des tour-opérateurs en ville.

They should be able to get you a cheaper ticket : Ils devraient pouvoir vous trouver un billet moins cher.

Would you like me to go ahead and cancel that return for you ? : Vous voulez que j'annule le départ que j'ai pour vous ?

Not until I get a new ticket : Pas avant que je ne trouve un autre billet.

Pour réserver

Hello I'd like a one-way ticket to New Delhi please ?	Bonjour, je voudrais un aller simple pour New Delhi, s'il vous plaît...
Hi, I'm looking for a really low fare to Dubai please ?	Bonjour, je cherche un billet le moins cher possible pour Dubaï, s'il vous plaît...
Hi, I'd like to make a reservation ? For a flight to Moscow ?	Bonjour, je voudrais faire une réservation, s'il vous plaît ? Pour un vol à Moscou ?
But I already have a reservation ! The booking was made by my travel agent !	Mais j'ai déjà une réservation ! Elle a été faite par mon agent de voyages !
Is that a one-way or a return ?	C'est un aller simple ou un aller-retour ?
Will you be staying over a weekend ? Because you'll get a better fare...	Vous resterez un week-end ? Parce que là vous aurez un meilleur prix...
Hi, I was wondering if I could change the departure date on this ticket ?	Bonjour, je voudrais savoir si je peux changer la date du départ sur ce billet ?
Hello, I'm here to pick up a ticket I reserved on the phone yesterday ?	Bonjour, je viens récupérer un billet que j'ai réservé par téléphone hier, s'il vous plaît...

Bagages perdus, vols ratés, et autres prises de tête...

To lose luggage	Perdre un bagage
To miss a flight	Rater un vol
To take/to catch a flight	Prendre un vol
To arrive just in time for a flight	Arriver juste à temps pour un vol
To check in luggage for the flight to...	Enregistrer les bagages pour le vol de...
The flight will board at gate... terminal...	Le vol partira de la porte... en terminal...
Hi I'm looking for gate 76 please?	Bonjour, je cherche la porte 76, s'il vous plaît...
Check-in is open, The flight has just closed, Check-in is closed	L'enregistrement est ouvert, le vol vient d'être fermé, l'enregistrement est terminé.
The flight has been canceled!	Le vol a été annulé!
Excuse me, can you tell me if this is the counter for the flight to Bangkok?	Pardon, vous pouvez me dire si c'est ici l'enregistrement pour le vol de Bangkok?
Hi, I just heard an announcement about a delay, how long is that going to be?	Bonjour, je viens d'entendre une annonce concernant un retard, ce sera long?
Excuse me but I can't find my bag on the belt, I think it hasn't arrived...	Pardon, mais je ne trouve pas ma valise sur le carrousel, je crois qu'elle n'est pas arrivée...
Excuse me I just missed my flight, can you get me on another one as soon as possible?	Pardon, mais je viens de rater mon vol, vous pouvez me mettre sur un autre vol le plus vite possible?

À SAVOIR

En anglais, on écrit les mots avec une majuscule initiale beaucoup plus souvent qu'en français. On écrit ainsi les jours de la semaine, les mois avec une majuscule (*the Sunday*, in *April*) ; mais aussi le pronom personnel 'I' (je) ; les noms des langues (on écrira *I speak English*, « Je parle anglais ») ; les mots importants au milieu d'une phrase (*Gate* pour porte d'embarquement, *Exit* pour une sortie d'autoroute) ; les domaines de travail/secteurs d'activité (*I work in Biotechnology*, « Je travaille dans la biotechnologie »), et il y a encore de nombreuses autres occurrences...

Quelques mots à connaître

Gift shop (cadeaux) ; *book store/book shop* (librairie) ; *airplane reading* (lecture pour l'avion, équivalent littéraire de « romans de gare ») ; *snack bar* (snack) ; *cafeteria/self-service* (cafétéria/self-service) ; *pharmacy/drug store* (pharmacie) ; *duty free* (détaxe) ; *alcohol/wines and spirits* (alcools) ; *confectionery/chocolates* (confiserie/chocolats).

LA GRAMMAIRE DES PARESSEUSES

Before, by, anytime, between now and, from/starting, until/till, autant d'adverbes ou de prépositions qui permettent en anglais d'exprimer la situation dans le temps. *Before* signifie « avant » : *I want to leave before Monday*, « Je veux partir *avant* lundi » ; *by* signifie aussi « avant », mais sert à indiquer qu'on peut déborder sur la date butoir : *Peter wants to leave by the 12th of June*, « Peter veut partir *avant* le 12 juin (*mais il pourrait aussi partir le 12*) » ; *anytime* s'utilise pour signifier en gros que peu importe la date : *When do you want me to pick up the book ? Oh anytime !*, « Quand veux-tu que je vienne chercher le livre ? Oh quand tu veux/n'importe quand ! ; *between now and* signifie « d'ici à... » : *Gail will be arriving anytime between now and next week*, « Gail arrivera *d'ici à* la semaine prochaine » ; *from/starting* signifie « de/à partir de » : *Our offices are open from Monday to Friday*, « Nos bureaux sont ouverts *du* lundi au vendredi » ; *I work at my new job starting Monday*, « Je travaille dans mon nouveau boulot *à partir de* lundi » ; *until/till* signifie *à/jusqu'à* : *Wait until/till tomorrow to tell him !*, « Attends *jusqu'à* demain pour le lui dire ! »

LES VOYAGES

À SAVOIR

Pour indiquer la date en anglais on emploie les adjectifs numéraux ordinaux : *first, second, third, fourth, fifth, sixth, seventh, eighth, ninth, tenth, eleventh, twelfth, thirteenth, fourteenth, fifteenth, sixteenth, seventeenth, eighteenth, nineteenth, twentieth, thirtieth, thirty-first*. On les abrège ainsi : 1st ou 1st, 2nd ou 2nd, 3rd ou 3rd, puis th ou th pour les autres (4th ou 4th, 5th ou 5th, etc.). Pour donner la date oralement, on dira : *The first of June*, « Le premier juin », ou *June first* ou *June the first*.

Les agences de voyage

Vous êtes à Kingston en Jamaïque et vous voulez réserver une petite croisière pour visiter les Caraïbes... Mais même là-bas, il vous faudra savoir dire en anglais des mots aussi peu exotiques que *taux* et *forfait*... Il vous faudra savoir négocier un prix pour une chambre d'hôtel... Alors, on plonge direct dans les offres spéciales, les promo, les tarifs de groupe et autres ?

Réservez avant de partir...

I'd like to go somewhere for a three-day weekend, please do you have anything interesting to offer ?	Je voudrais partir en week-end de trois jours, vous avez quelque chose d'intéressant à me proposer ?
Hi, do you have any special offers on skiing trips ? on trips where I could do some water sports ?	Bonjour, vous avez des offres spéciales sur des séjours au ski ? Un endroit où je puisse faire des sports aquatiques ?
Hi, I'd like to surprise my boyfriend with a trip to Greece, can you help ?	Bonjour, j'aimerais faire la surprise à mon copain d'un séjour en Grèce, vous pouvez m'aider ?

Hi, I wanted to know what your best rates are on flights to Hong Kong ?	Bonjour, je voulais savoir quels étaient vos meilleurs prix sur des vols pour Hong Kong, s'il vous plaît ?

PARLONS UN PEU !

Vous entrez dans une agence où vous repérez aussitôt un beau jeune homme parmi les employés qui travaillent là. Vous voyez un panneau marqué *Please take a number* (veuillez prendre un numéro), vous en prenez un, vous vous asseyez, tout en espérant que c'est « lui », le beau jeune homme, qui va vous appeler...

Beau jeune homme : *Number 54 !*
Vous : *Yes hello...*
(Vous vous asseyez.)
Bjh : *Hi, how can I help you ?*
Vous : *Um well I'd like to take a small cruise in the area, you know, to see the local islands...*
Bjh : *O.K. ! Let me see what we can find for you ! You want only the English West Indies or all the islands ?*
Vous : *Oh as many as possible !*
Bjh : (souriant) *O.K., and do you have any sort of budget ? Any preferences ?*
Vous : *Oh as comfortable as possible without going overboard I suppose !*
Bjh : *Pun unintended*, naturally !
Vous : *Oh yes, I didn't even realize...*
Bjh : *O.K., so we have this package here, that's five days and quite a few of the islands with two nights in hotels and the others on the boat...*
Vous : *O.K... But um, is there some sort of discount on the hotels ?*
Bjh : *Oh yes, it's all included in the package ! Then there's this package which is quite nice ! It's ten days and most of the islands with two nights at very nice resorts and the rest on board...*
Vous : *O.K...*
Bjh : *But you can also extend the nights you spend on the islands and get discount rates on five-star hotel rooms !*

Vous : *Mm ! Sounds nice !*
Bjh : *And then there's this third one which is well... really just a boat ride !*
Vous : (riant) *O.K. !*
Bjh : *And that's three days and most of the islands with all nights spent on board !*
Vous : *O.K. ! So which one do you recommend ?*
Bjh : *Oh without a doubt, the ten-day one ! Like I said, you can extend your stay on each island and get a fabulous rate on really amazing hotel rooms !*
Vous : *O.K. Sounds fabulous ! And can I find some sort of tour guide once I get on the island ?*
Bjh : *Yes it's all taken care of, you can even get a car on some of the islands. As I say, it really is the best package ! And you don't have to be stuck with a group !*
Vous : *O yes I think I prefer that... O.K. now for the hardest part... How much does it cost ?*
Bjh : *Oh it's not too bad ! It's a total of... let me see... fifty-eight thousand five hundred and sixty Jamaican dollars... That's nine hundred and sixty USD !*
Vous : *O.K., I have trouble understanding numbers in English, could you write that down for me ?*
Bjh : (souriant) *Sure... Here you go !*
Vous : *Oh ! And in Euros that's... ?*
Bjh : *Ah in Euros that comes to... at today's rate... seven hundred and sixty-eight, voila !*
Vous : *Oh you speak French ?*
Bjh : (riant) *Just voila...*
Vous : (riant) *O.K... I'll tell you what, I'll think about it and come back later, maybe this evening ! And I'll make the reservation then. What time do you close ?*
Bjh : *Seven p.m...*
Vous : *O.K. ! So I'll drop by and make a booking then, is that all right ?*
Bjh : *Sure !*
Vous : *Can I have your card ?*
Bjh : *Yep here it is ! This is my name and direct line...*
Vous : *O.K... Thank you Gordon !*
Bjh : *My pleasure !*
Vous : *My name is Lise... Nice to meet you !*
Gordon : *You too !*

Vous : *Maybe we could have a glass of something this evening to celebrate ! I mean if I take the cruise !*
Gordon : *Sure, why not ?*
Vous : *O.K., I'll see you then... Thanks ! Bye bye !*
Gordon : *Bye !*

Vocabulaire

I'd like to take a small cruise in the area, you know, to see the local islands : Je voudrais prendre une croisière dans le coin en fait, pour visiter les îles locales. (*You know* ne se traduit pas forcément par *vous savez* ; c'est un tic, plutôt comme quand on dit *bon* ou *en fait* en français.)

Let me see what we can find for you : Voyons ce qu'on peut vous trouver.

You want only the English West Indies or all the islands ? : Vous voulez seulement les Antilles anglaises ou toutes les îles ?

As many as possible : Le plus possible (autant que possible).

Do you have any sort of budget ? : Et vous avez un budget ?

Any preferences ? : Des préférences ?

As comfortable as possible : Aussi confortable que possible.

Without going overboard I suppose ? : Sans aller trop loin/sans trop dépenser, je suppose (*to go overboard* : littéralement *aller par-dessus bord*) ?

Pun unintended, naturally ! : Et ça c'était un jeu de mots involontaire, bien sûr !

Oh yes, I didn't even realize : Ah oui, je ne m'en suis pas rendu compte.

So we have this package here... : Donc nous avons/il y a ce forfait ici...

... that's five days and quite a few of the islands : ... qui dure cinq jours et (qui vous fait visiter) une bonne partie des îles.

LES VOYAGES

With two nights in hotels and the others on the boat : Avec deux nuits à l'hôtel et les autres (nuits) sur le bateau.

Is there some sort of discount on the hotels ? : Il y a une réduction sur les chambres d'hôtel ?

Oh yes, it's all included in the package : Ah oui/bien sûr, c'est compris dans le forfait.

Then there's this package which is quite nice : Puis il y a ce forfait qui est assez bien.

It's ten days and most of the islands : Il dure dix jours et couvre la plupart des îles.

With two nights at very nice resorts and the rest on board : Avec deux nuits dans des hôtels de luxe et les autres nuits à bord.

But you can also extend the nights you spend on the islands : Mais vous pouvez aussi augmenter le nombre de nuits que vous passez sur les îles.

And get discount rates on five-star hotel rooms : Et avoir des réductions sur les chambres d'hôtels cinq étoiles.

Sounds nice : Ça m'a l'air sympa.

And then there's this third one which is well... : Et puis il y a ce troisième forfait qui est... bon...

... really just a boat ride ! : ... disons, pas plus qu'une excursion en bateau !

That's three days and most of the islands with all nights spent on board : Et ça, c'est pour trois jours et la plupart des nuits passées à bord.

So which one do you recommend ? : Et lequel recommandez-vous ?

Oh without a doubt, the ten-day one : Sans aucun doute, celui de dix jours.

Like I said, you can extend your stay on each island : Comme je vous l'ai dit, vous pouvez étendre votre séjour sur chaque île.

And get a fabulous rate on really excellent hotel rooms : Et avoir un prix super sur des chambres d'hôtel vraiment exceptionnelles.

Can I find some sort of tour guide once I get on the island ? : Et est-ce que je peux trouver un guide touristique une fois que je suis sur l'île ?

It's all taken care of : Tout est arrangé comme ça/c'est compris dedans.

You can even get a car on some of the islands : Vous pouvez même avoir une voiture sur certaines îles.

It really is the best package ! : C'est vraiment le meilleur forfait !

And you don't have to be stuck with a group : Et vous n'êtes pas obligée de vous infliger un groupe (*to be stuck with* : se coltiner, devoir endurer).

Now for the hardest part... : Et maintenant la partie la plus dure...

How much does it cost ? : Ça coûte combien/quel est le prix ?

It's not too bad : Ce n'est pas trop mal.

It's a total of... let me see... : Ça vous fait un total de... voyons...

Fifty-eight thousand five hundred and sixty : Cinquante-huit mille cinq cent soixante.

Nine hundred and sixty : Neuf cent soixante.

I have trouble understanding numbers in English : J'ai du mal à comprendre les chiffres en anglais.

Could you write that down for me ? : Vous pourriez m'écrire ça, s'il vous plaît ?

And in Euros that's... ? : Et en euros ça fait (combien)... ?

In Euros that comes to... at today's rate... : En euros ça vous fait... au taux d'aujourd'hui...

Seven hundred and sixty-eight : Sept cent soixante-huit.

LES VOYAGES

O.K. I'll tell you what : Bon ! (littéralement : « Je vais vous dire... »)

I'll think about it and come back later : Je vais y réfléchir et je reviendrai.

Maybe this evening : Peut-être ce soir.

And I'll make the reservation : Et je ferai la réservation.

What time do you close ? : Vous fermez à quelle heure ?

I'll drop by... : Je passerai...

... and make a booking then : ... et je ferai la réservation à ce moment-là.

Is that all right ? : Ça va, c'est possible ?

Can I have your card ? : Je peux avoir votre carte ?

This is my name and direct line : Et voici mon numéro direct.

Maybe we could have a glass of something this evening to celebrate ! : Peut-être qu'on pourrait prendre un verre ensemble ce soir pour fêter ça !

What do you think ? : Qu'est-ce que vous en pensez ?

I mean if I take the cruise : Je veux dire, si je prends (décide de prendre) la croisière.

LA GRAMMAIRE DES PARESSEUSES

La construction *as... as* permet de comparer deux choses et se traduit en français par « aussi... que » ou « dès que » : *This restaurant is not as good as that one !*, « Ce restaurant-ci n'est pas aussi bon que celui-là », *We will get back to you as soon as possible !*, « Nous vous répondrons dès que possible ! »

À SAVOIR

Les chiffres encore ! Les nombres, plus exactement... *Nine hundred and sixty* (neuf cent soixante) : notez bien le *and* après la centaine. *Eighty-four* (quatre-vingt-quatre) : notez là le trait d'union après la dizaine. Et pour finir, regardez bien comment on écrit *two thousand eight hundred and fifty-two* (deux mille huit cent cinquante-deux). Dans l'écriture des nombres avec une décimale, l'anglais utilise un point et non pas une virgule comme en français ; ainsi on écrira en anglais *23.50*, que l'on prononcera à l'oral : *twenty-three fifty* (vingt-trois cinquante).

Le train

Non, il n'y a pas que l'avion pour voyager, les utilisateurs de l'Eurostar le savent bien... Alors, *first class*, *second class*, peu importe, en voiture pour un petit tour d'Europe... en train ! et en anglais !

Bonjour, un billet pour...

Hello, I need a second class ticket to Bristol please...	Bonjour, un billet en seconde pour Bristol, s'il vous plaît...
Hi, one ticket to Brussels please ? First class ? Is that a TGV ?	Bonjour, un billet pour Bruxelles, s'il vous plaît... En Première ? C'est un TGV ?
Um, hello I bought this ticket on a machine there but I'd like to change trains please...	Bonjour, j'ai acheté ce billet dans un distributeur automatique mais je voudrais changer de train...
Hi, I have a second class ticket to Glasgow but I'd like to change it to first class please ?	Bonjour, j'ai un billet en seconde classe pour Glasgow mais j'aimerais le changer pour un billet en première s'il vous plaît...
Sorry, is this the train to The Hague ?	Pardon, c'est bien le train pour La Haye ?

LES VOYAGES

PARLONS UN PEU !

Méli-mélo dans le train ! Ça arrive, mieux vaut savoir comment s'en sortir facilement...

Vous : (au contrôleur) *Excuse me, is this car number 18 ?*
Contrôleur : *Yes it is... Where are you headed ?*
Vous : *Paris...*
Contrôleur : *Oh yes that's fine then, the other train goes to Brussels...*
Vous : *Right. Thank you !*
Contrôleur : *You're welcome !*
(Vous arrivez à votre siège.)
Vous : *Oh I'm sorry but I think you're in my seat !*
Homme élégant : *Oh ! Really ? Let me check...*
(Il regarde son billet.)
Homme élégant : *I don't think so, isn't this seat number 58 ?*
Vous : *Yes... And my ticket says 58, but does yours ?*
Homme élégant : *Yes it does, see ? I don't understand... We should ask the conductor...*
Vous : *Wait, can I see your ticket again ? Do you mind ?*
Homme élégant : *No not at all, my name is Jan by the way...*
Vous : *Hello... Well I have a surprise for you Jan ! Your seat is booked for tomorrow !*
Jan : *What ! Oh no !* (Il regarde le billet.) *Oh god you're right ! But I must leave today ! Um, do you mind if I sit in the seat opposite you ?*
Vous : *No go right ahead !*
Jan : *Because I don't think it's occupied and I need the outlet for my laptop... Besides, it would be so nice to travel with a perspicacious woman like you !*
Vous : Perspicacious ! *Oh my !* (Vous voulez posez vos affaires.) *Um are these your bags ?*
Jan : *Oh yes ! Let me help you with that !*
Vous : *No that's fine... But uh, I need a plug point too !*
Jan : *Oh ! What do you do if I may ask ?*
Vous : *I'm a writer...*
Jan : *I see ! I'm an editor of an auto magazine !*
Vous : *Well unfortunately I don't care much for cars !*

CHAPITRE 8

Jan : *Oh that's fine ! Well do you mind if I sit here ?*
Vous : *No problem at all... Except you should maybe check with the conductor first...*
Jan : *Yes I'll do that... Um, could you keep an eye on my stuff while I'm gone ?*
Vous : *Sure, no problem...*
Jan : *Thanks...*

• •

Vocabulaire

Is this car number 18 ? : C'est bien la voiture n° 18 ?

Which train are you on ? : Mais vous êtes sur quel train ?

I mean where are you headed ? : Je veux dire vous allez où (littéralement : *vous vous dirigez* où) ?

That's fine then, because the other train goes to Brussels : Ça va alors, parce que l'autre train va à Bruxelles.

I'm sorry but I think you're in my seat : Pardon, mais je crois que vous êtes à ma place.

Really ? : Ah bon ?

Let me check : Je vais vérifier.

I don't think so, isn't this seat number 58 : Je ne crois pas, ce n'est pas le siège n° 58 ici.

And my ticket says 58, but does yours : Oui et sur *mon* billet il est marqué 58, et sur le vôtre ?

Yes it does, see : (Oui) aussi, vous voyez.

We should ask the conductor : On devrait demander au contrôleur.

Wait, can I see your ticket again ? : Attendez, je peux revoir votre billet ?

Do you mind ? : Ça ne vous dérange pas ?

My name is Jan by the way : Au fait, je m'appelle Jan.

Well I have a surprise for you ! : J'ai une surprise pour vous !

Your seat is booked for tomorrow : Votre siège est réservé pour *demain !*

What ? : Quoi ?

Oh god you're right ! : Oh mon Dieu, vous avez raison !

But I must leave today : Mais je dois à tout prix partir aujourd'hui.

Do you mind if I sit in the seat opposite you ? : Ça ne vous dérange pas que je m'assoie en face de vous ?

Go right ahead ! : Allez-y !

Because I don't think it's occupied : Parce que je crois qu'il est libre.

I need the outlet for my laptop : J'ai besoin de la prise pour mon ordinateur portable.

And it would be nice to travel with a perspicacious woman like you : Et ce serait sympa de voyager avec une femme perspicace comme vous.

Perspicacious ! Oh my ! : Perspicace ! Oh mon Dieu !

Are these your bags ? : Ce sont vos valises/affaires ici ?

Oh yes ! Let me help you with that ! : Ah oui, je vais vous aider !

No that's fine : Non ça va.

But uh I need a plug point too : Mais... euh... moi aussi j'ai besoin d'une prise.

What do you do ? : Vous faites quoi (dans la vie) ?

I'm a writer : Je suis écrivain.

I'm an editor on an auto magazine : Moi je suis rédacteur dans une revue automobile.

Unfortunately I don't care much for cars : Malheureusement, je ne m'intéresse pas trop aux voitures.

But do you mind if I sit here ? : Mais ça ne vous dérange pas que je m'assoie ici ?

Except you should maybe check with the conductor first : Mais peut-être que vous devriez vérifier (voir ce qui se passe) avec le contrôleur d'abord.

Could you keep an eye on my stuff while I'm gone ? : Vous pouvez surveiller mes affaires pendant que je m'absente (*keep on eye on* : garder un œil sur) ?

La location de voiture

Après l'avion et le train, si on traçait un peu la route dans une superbe SUV ? Vous ne savez pas ce qu'est une SUV ? Alors, en voiture pour une petite leçon... mais tranquille, cool, par les petites routes de campagne, chères paresseuses...

Louer une voiture

Hello I'd like to rent a car please ?	Bonjour, je voudrais louer une voiture, s'il vous plaît.
Excuse me do you have a small car I could rent for the weekend please ?	Pardon, auriez-vous une petite voiture que je pourrais louer pour le week-end, s'il vous plaît ?
Hi I wanted to know what your best deal is on a van or an SUV* ?	Bonjour, je voulais savoir quel était votre meilleur prix pour un monospace ?

LES VOYAGES

Hi I'm here to pick up a car that I reserved online ?	Bonjour, je viens récupérer une voiture que j'ai réservée (en ligne) sur Internet ?
Your car is in lot 13, our shuttle leaves from out there, under the sign marked Mavis ! This is your key and contract, thank you and have a nice day !	Votre voiture se trouve au parking n° 13, notre navette part de là, sous le panneau marqué Mavis ! Voici la clé et votre contrat, bonne journée !
*Hello, I need to return a car ?***	Bonjour, je viens rendre une voiture…
I said I would return it with a full tank but I couldn't find a gas station (US)/petrol pump (GB)…	J'ai dit que je la rendrais avec le plein mais je n'ai pas trouvé de pompe à essence…
I think the car is slightly scratched, is that covered by my insurance ?	Pardon, je crois que la voiture a une petite égratignure, c'est couvert par mon assurance ?
Should I park the car in the lot and drop the key off in the box ? Thank you…	Donc je gare la voiture dans le parking et je mets la clé dans la boîte aux lettres, c'est ça ? Merci…

* en général, on utilise l'article *an* seulement avant un mot qui commence par une voyelle, mais quand on prononce un mot comme *SUV*, qui commence par un son qui *fait* voyelle (la lettre S ou ess), on le fait précéder de *an*.
** Le point d'interrogation est une formule de politesse.

À SAVOIR

Qu'est-ce qui est noir à Londres et jaune à New York ? Un taxi, bien sûr ! Et il n'y a pas que les couleurs qui changent selon qu'on est en Grande-Bretagne ou aux États-Unis, le vocabulaire aussi : ainsi, par exemple, « compteur » se dit *meter* aux États-Unis mais *metre* en Grande-Bretagne. En argot, on appelle un taxi *a cab* ; *a yellow cab* (taxi jaune) à New York. Le chauffeur de taxi (très cinématographique…) s'appelle un *taxi driver* ; on utilise aussi les mots *cab driver* ou *cabbie*. Et le saviez-vous ? Dans certains pays, on trouve des *scooter taxi*.

CHAPITRE 8

L'hôtel

Épuisée après une rude journée de tourisme, ou de travail (vous êtes en déplacement pour quelques jours), il ne vous faut rien de plus qu'une belle chambre d'hôtel, calme, spacieuse, peu importe le prix à payer... Là, vous goûterez à la tranquillité, prendrez un bain chaud, profiterez d'un minibar bien fourni et appellerez le *room service* pour un petit dîner au lit en solitaire... Non ? Vous êtes bien trop accro aux sorties ? Vous préférerez un hôtel minuscule et pas cher, tant qu'il est situé en *plein* centre-ville et que vous pouvez vous gaver de *shopping* et de boîtes de nuit ? Non plus ? Bon, puisque nos goûts en matière d'hôtels sont aussi variés que la couleur de nos yeux... Voyons comment *vous* pouvez définir *vous*-même vos envies et chercher *exactement* la chambre qu'il vous faut.

À SAVOIR

Typiques des États-Unis, les **motels** constituent souvent la façon la moins onéreuse de se loger quand on voyage. Le *motel*, conçu pour les représentants de commerce, les vendeurs itinérants ou *traveling salesmen,* tire son nom de l'alliance de *motor + hotel*). Il existe toutefois des motels luxueux donc demandez toujours le *room rate* (prix de la chambre). Et surtout ne vous inquiétez pas, contrairement aux scénarios de Hollywood, les motels ne sont pas *forcément* remplis de *serial killers* et autres psychotiques... Bien évidemment, tous ne sont pas super accueillants, mais en général, partout dans le pays, vous trouverez de jolis motels avec de belles chambres (spacieuses), des salles de bains propres, du linge impeccable et un service chaleureux. Il y aura aussi un petit déjeuner servi dans le restaurant du motel ou alors dans les restaurants qui se trouvent à proximité. Et bien sûr, motel oblige, le parking gratuit est *obligatoire* !

LES VOYAGES

PARLONS UN PEU ! ....

Vous partez en Afrique du Sud pour le travail mais vous aimeriez bien y rester quelques jours de plus pour visiter le pays... Vous appelez l'hôtel où on vous a réservé une chambre, pour savoir si c'est possible :

Vous : *Hello ?*
Réception : *Hotel Park Front, good morning ?*
Vous : *Yes hello, my name is Gabrielle Fourier and I am booked in a room for next week ?*
Réception : *O.K., can you spell your name please ?*
Vous : *Yes, last name Fourier, F-O-U-R-I-E-R, and I'm attending the Tourism conference ?*
Réception : *Ah yes, Ms. Gabrielle Fourier, I see your name here, how can I help you, Ms. Fourier ?*
Vous : *Um, I'd like to know if I can extend my reservation on that room please ?*
Réception : *It should be possible, let me check availability...* (Pause.) *I'm sorry Madam, I'm afraid we're all booked up ! May I suggest our sister hotel,* The Range *?*
Vous : *Oh do you think they'd have a vacancy ?*
Réception : *I can transfer you to them directly if you like...*
Vous : *Oh that would be nice, thank you...*
(Votre appel est transféré.)
Réception : *Hotel* The Range *how may I help you ?*
Vous : *Hello, I was transferred by the Park Front hotel ?*
Réception : *Yes ?*
Vous : *And I was wondering if you had a room free for the weekend following the 20th of June ?*
Réception : *For one person Ma'am ?*
Vous : *Yes, but I'd like a large room if possible...*
Réception : *O.K. one moment, I'll see what I can do...* (Pause.) *Ma'am ?*
Vous : *Yes...*
Réception : *I can offer you a double non-smoking room with a bath for 500 Rand per night ?*
Vous : *Does it have a nice view ?*
Réception : *Overlooking the lake Ma'am...*
Vous : *O.K. wonderful, and is breakfast included with that ?*

Réception : *Yes Ma'am, the continental breakfast... The English breakfast or our breakfast buffet would be an additional 35 Rand per day.*
Vous : *O.K., and do you have any sort of organized tours to the game parks ?*
Réception : *You mean safaris Ma'am ?*
Vous : *Yes...*
Réception : *Well we could put you in touch with some safari companies yes, but you can book that once you get here...*
Vous : *Excellent, oh one last thing... I'll be staying at the Park Front until Friday, would it be possible for my bags to be picked up from there ?*
Réception : *Yes Ma'am we have a shuttle service from that hotel to ours, you can give us a call when you are ready to check out of there, and we'll have them picked up. Alternatively there is also a taxi service the hotel can provide for you...*
Vous : *O.K. thanks...*
Réception : *Would you like to reserve the room now Ma'am ?*
Vous : *Oh yes, please...*
Réception : *O.K. ! Can I have a credit card number with expiry date please ? And your full name and contact number ?*
Vous : *O.K., my name is Gabrielle Fourier and my credit card is a Fastercard, number 5555 6666 7777 8888 ? And the expiry date is April 2007.*
Réception : *O.K., and a contact number ?*
Vous : *Oh but I'm calling from Belgium !*
Réception : *That's all right Ma'am...*
Vous : *O.K. so that's country code 32, and the number is 555 6767...*
Réception : *O.K., Ms. Fourier, I think we have everything ! We look forward to welcoming you at our hotel and wish you a very pleasant week !*
Vous : *Thank you...*

· ·

Vocabulaire

I am booked in a room for next week : J'ai une réservation pour une chambre la semaine prochaine.

Could you spell your name please ? : Vous pouvez épeler votre nom, s'il vous plaît ?

Last name : Nom de famille.

I'm attending the Tourism conference : J'assiste à la conférence sur le tourisme.

I see your name here : Je vois votre nom ici.

I'd like to know if I can extend my reservation on that room please : Je voudrais savoir si je peux prolonger la réservation de cette chambre, s'il vous plaît.

It should be possible, let me check availability : Ça devrait être possible, je vais voir ce que nous avons de disponible.

I'm afraid we're all booked up : Malheureusement nous sommes complet.

But may I suggest our sister hotel The Range *if you like* : Mais je peux vous proposer notre hôtel partenaire *The Range*, si vous voulez.

Do you think they'd have a vacancy ? : Vous pensez qu'ils auraient une chambre de libre ?

I can transfer you to them directly if you like : Je peux transférer votre appel, si vous voulez.

That would be nice, thank you : Ce serait sympa/aimable/gentil, merci.

I was transferred by... : J'ai été transférée par...

I was wondering if you had a room free : Je voulais savoir si vous aviez une chambre de libre.

For the weekend following the 20th of June : Pour le week-end suivant le 20 juin.

For one person : Pour une personne.

I'd like a large room if possible : Je voudrais une grande chambre si possible.

I can offer you a double non-smoking room with a bath for 500 rand per night : Je peux vous proposer une chambre double non fumeur avec une salle de bains pour... la nuit.

Does it have a nice view ? : Elle a une jolie vue ?

Overlooking the lake : Elle donne sur le lac.

Is breakfast included with that ? : Le petit déjeuner est-il inclus (dans ce prix) ?

Continental breakfast : Petit déjeuner avec du pain, viennoiseries, jus d'orange et thé/café.

English breakfast : Petit déjeuner anglais (tartines, confiture, jus d'orange, œufs brouillés/omelette/sur le plat, bacon).

Or our breakfast buffet... : Ou notre buffet de petit déjeuner...

... would be an additional 35 rand per day : ... reviendrait à 35 rand de plus par jour.

Do you have any sort of organized tours to the game parks ? : Avez-vous des sorties organisées pour les réserves animalières ?

You mean safaris ? : Vous voulez dire les safaris ?

We could put you in touch with some safari companies : Nous pourrions vous mettre en contact avec quelques sociétés qui organisent des safaris.

But you can book that once you get here : Mais vous pouvez le faire une fois arrivée ici.

One last thing... : Une dernière chose...

I'll be staying at the Park Front until Friday, would it be possible for my bags to be picked up from there ? : Je reste au Park Front jusqu'à vendredi, ce serait possible de faire porter mes bagages de là (*to be picked up* : que l'on vienne récupérer mes bagages, voir *passive voice* ci-dessous).

We have a shuttle service from that hotel to ours : Nous avons un service de navette de cet hôtel jusqu'au nôtre.

You can give us a call when you are ready to check out of there : Vous nous appelez quand vous êtes prête à libérer la chambre là-bas...

... and we'll have them picked up : ... et nous viendrons les chercher (*to have them picked up* : faire récupérer les bagages).

Alternatively there is also a taxi service the hotel can provide for you : Sinon il y a un service de taxis que l'hôtel peut vous fournir.

Would you like to reserve the room ? : Vous voulez réserver la chambre ?

Expiry date : Date d'expiration [*expiration date* (US), *expiry date* (GB)].

Contact number : Numéro de téléphone.

I think we have everything : Je crois que c'est/nous avons tout.

We look forward to welcoming you at our hotel and wish you a very pleasant week : Nous espérons vous accueillir bientôt dans notre hôtel et vous souhaitons une agréable semaine (*to look forward to* : attendre, attendre avec impatience).

Remarque : Épeler un nom : à vous de réviser votre alphabet ! Un petit conseil toutefois : n'oubliez pas qu'en anglais la lettre *J* se prononce comme la lettre *G* en français (avec le son *ai*) et que la lettre *G* se prononce, elle, comme la lettre *J* en français (avec le son *ie*). *Happy spelling* (bonne orthographe) !

LA GRAMMAIRE DES PARESSEUSES

- *Passive voice* : en anglais on utilise beaucoup plus la voix passive qu'en français. Ainsi, là où le français utilise le « on » indéfini (on prétend que, on dit que...), l'anglais, lui, utilise la voix passive : *It is said that tea is good for the bones*, « On dit que le thé est bon pour les os » ; *I was told that my room would be cleaned !*, « On m'a dit que ma chambre serait nettoyée. » Dans les deux cas, on ne dira pas il est dit que ou il m'a été dit que....

- On emploie le *future continuous* pour exprimer une action *continue* dans le futur ou une action qui n'est pas sûre d'arriver ou dont la durée est incertaine, ou encore pour marquer la politesse. Le *future continuous* se forme avec l'auxiliaire *will* + le *present continuous* (*be doing, be going*) : *I'll be staying at the Park Front until Friday*, « Je reste (je vais rester) au Park Front jusqu'à vendredi » ; *Will you be leaving tomorrow ?*, « Vous pensez partir demain ? » (action incertaine et/ou politesse) ; *I think I'll be driving to San Francisco this time tomorrow*, « Je crois que je serai en train de conduire à San Francisco à la même heure demain. »

À l'hôtel

Hello, I'd like to book a room here please ?	Bonjour, je voudrais réserver une chambre ici, s'il vous plaît...
Hi, can you tell me what your rate is for a double room with a bathtub ?	Bonjour, vous pouvez me donner votre prix pour une chambre double avec baignoire ?
Hi, I'm looking for a single room for two nights, do you have any available ?	Bonjour, je cherche une chambre simple pour deux nuits, vous en avez de libres ?
Excuse me, there's a problem with my room, can I change please ?	Excusez-moi, il y a un problème avec ma chambre, je peux changer s'il vous plaît ?
Excuse me, did I leave my room key here ? I can't seem to find it...	Pardon, est-ce que j'ai laissé ma clé ici ? Je n'arrive pas à la trouver...
Can I have some help taking my bags up ?	On peut m'aider à monter mes bagages ?

Excuse me could you recommend a good/reasonably priced restaurant around here ?	Vous pouvez me recommander un bon resto/pas trop cher par ici ?
Hi, my room wasn't cleaned today...	Bonjour, ma chambre n'a pas été nettoyée aujourd'hui...
I'm sorry Madam, I'll inform housekeeping immediately !	Je suis désolé, madame, je vais informer le service ménage tout de suite...

À SAVOIR

Aux États-Unis (mais ailleurs aussi), on trouve quantités de *parks*, et on y va souvent passer quelques jours ou un week-end : Il y a les *amusement parks* (parcs d'attraction avec des manèges), les *theme parks* (les « studios de cinéma », par exemple), les *national parks* (de grandes réserves naturelles tels que *Yellowstone* et *Yosemite*), les *game parks* ou *reserves* (les réserves animalières comme en Afrique). Et il y a aussi les grands espaces verts en pleine ville, comme à Washington, New York ou Londres ; *Rock Creek Park*, *Central Park* et *Hyde Park*, où on ira se balader ou pique-niquer (*to go for a walk* or *to go picnicking*).

Les musées

Vous êtes à Londres et vous voulez aller à la Tate Gallery... À New York vous avez bien l'intention d'aller faire un tour au MOMA... Voici deux ou trois phrases qui vous rendront service...

CHAPITRE 8

Au musée

Hi, one ticket please ?	Bonjour, un billet s'il vous plaît.
Uh, for one person please ?	Euh, pour une personne, s'il vous plaît ?
Could you tell me where the toilets are please ?	Vous pouvez m'indiquer les toilettes, s'il vous plaît ?
Hi, I need a wheelchair, do you know where I can find one ?	Bonjour, j'ai besoin d'une chaise roulante, vous savez où je peux trouver ça ?
Hi, how much for a guided tour ? When does the next one start ?	Bonjour, c'est combien pour une visite guidée ? Et la prochaine commence à quelle heure ?
Excuse me, do you have guided tours in French ?	Pardon, vous avez des visites guidées en français ?

PARLONS UN PEU !
....

Au musée *toute seule* (parce que amoureuse ou pas, un musée ça se visite *seule* !)

Vous : *Hi, how much for a ticket please ?*
Au guichet : *Would you like a guided tour ?*
Vous : *No...*
Au guichet : *Do you have a student discount or anything ?*
Vous : *Oh no !*
Au guichet : *O.K. so that's eight dollars for the day not including the temporary exhibits...*
Vous : *O.K., could you tell me what time you close ?*
Au guichet : *Seven p.m. M'am...*
Vous : *O.K. and where could I find a map of the museum please ?*
Au guichet : *I'll give you one, but all other publications you'll find at our book store right over there... And no food or drinks allowed in the exhibition rooms !*
Vous : *O.K... Thanks !*
....

Vocabulaire

How much for a ticket please ? : Combien pour un ticket/billet, s'il vous plaît ?

Would you like a guided tour ? : Voulez-vous une visite guidée ?

Do you have a student discount or anything : Avez-vous une carte étudiant (qui vous donne droit à une réduction) ?

So that's eight dollars for the day not including the temporary exhibits : Donc ça vous fait huit dollars pour la journée sans compter les expositions temporaires.

Could you tell me what time you close ? : Pouvez-vous me dire à quelle heure vous fermez.

M'am : Madame (se dit et s'écrit aussi Ma'am).

Where could I find a map of the museum ? : Où est-ce que je pourrais trouver un plan du musée ?

I'll give you one : Je vais vous en donner un.

But all other publications you'll find at our book store right over there : Mais toutes les autres publications, vous les trouverez dans notre boutique/librairie là-bas.

No food or drink allowed in the exhibition rooms : Pas de boissons ou de nourriture (Il ne faut ni boire ni manger) dans les salles d'exposition.

CHAPITRE 8

Le sport

Si les vacances « à la dure » (*roughing it out*) vous rebutent un peu, vous serez tout de même peut-être tentée par une romantique nuit à la belle étoile (*camping out*) ou tout simplement par quelques jours en famille dans un terrain de camping (*camping ground/area*), alors voici encore quelques mots qui pourront vous être utiles : *tents* (tentes) ; *RV-recreational vehicle* (caravane, camping car) ; *camping stove* (camping gaz) ; *sleeping bag* (duvets) ; *spot* (emplacement). Et si le camping ne vous dit rien, après une longue journée de marche, vous pourrez toujours expérimenter les fameux (et très *british*) *B&B* (*bed and breakfast*), qui vous offriront lit et petit déjeuner.

Quel sport pour vous ?

Et enfin, si vous êtes du genre sportive, ne vous en faites pas, les anglophones ont de quoi vous ravir : *the beach/the seaside* (la plage, le bord de la mer) ; *to go to the mountains/to go mountain-climbing* (faire de la montagne) ; *to go skiing* (faire du ski), *on the slopes* (les pistes), *cross country skiing* (ski de fond) ; *to go sailing* (faire de la voile) ; *water sports* (sports aquatiques), *water skiing* (ski aquatique), *wind-surfing* (planche à voile), *to go surfing* (faire du surf) ; *to go hiking/trekking* (faire de la randonnée – à ne pas confondre avec *hitch-hiking*, faire de l'auto-stop) ; *to go biking* (faire du vélo), *mountain bike* (VTT).

LES VOYAGES

DIX FAÇONS DE NE PAS ÊTRE UNE *ACCIDENTAL TOURIST* EN ANGLAIS

1. Réservez votre billet d'avion.

Hello I'd like a one-way ticket to New Delhi please ? / Hi, I'd like to make a reservation ? / For a flight to Moscow ? / Hi, I'm looking for a really low fare to Dubai please ? / Hi, I was wondering if I could change the departure date on this ticket ? / Is that a one-way or a return ? / Will you be staying over a weekend ?/ Because then you'll get a better fare...

2. Réservez par téléphone.

You have reached the offices of Hal Airlines... / If you are calling to make a reservation, please press 1 ; if you are calling about an existing reservation, press 2 ; for all other enquiries press 3 or stay on hold... Thank you for choosing... / Good morning Hal Airlines, how may I help you ? / Hello, I have a reservation to return to Paris on the 12th of June but I would like to prepone it please ? My name is K-A-R-I-N, and the last name is Foger, that's F-O-G-E-R... / Can you tell me what the availability is please ? / We have plenty of seats available anytime between now and the first of July... / Do you have any discounted tickets at all ?

3. À l'aéroport (avant de vous envoler).

To miss a flight ; to take/to catch a flight ; to check in luggage for the flight to...

Hi I'm looking for gate 76 please ? / Excuse me, can you tell me if this is the counter for the flight to Bangkok ? / Hi, I just heard an announcement about a delay, how long is that going to be ? / Excuse me but I can't find my bag on the belt, I think it hasn't arrived... / Excuse me I just missed my flight, can you get me on another one as soon as possible ?

4. Renseignez-vous dans une agence de voyages...

Travel agency ; to confirm (a booking/a reservation) ; package ; offer ; deal ; meals/breakfast included ; trip ; stay ; including taxes.

I'd like to go somewhere for a three-day weekend, do you have anything interesting to offer ? / Hi do you have any special offers on skiing trips/trips where I could do some water sports ? / Hi I'd like to surprise my boyfriend with a trip to Greece, can you help ?

5. Réservez vos billets de train.

Hello, I need a second class ticket to Bristol please... / Hello, one first class ticket to Stockholm please... / Hi, I have a second class ticket to Glasgow but I'd like to change it to first class please ? / Sorry is this the train to The Hague ?

6. À la gare.

Um, hello I bought this ticket on a machine there but I'd like to change trains please...

7. Louez une voiture.

Hello, I'd like to rent a car please ? / Hi I wanted to know what your best deal is on a van or an SUV ? / Hello, I need to return a car ? / I said I would return it with a full tank but I couldn't find a gas station (US)/petrol pump (GB)...

8. Allez à l'hôtel.

Hello I'd like to book a room here please ? / Hi I'm looking for a single room for two nights, do you have any available ? / Excuse me, there's a problem with my room, can I change ? / Can I have some help taking my bags up ? / Hi can you tell me what your rate is for a double room with a bathtub ?

9. Visitez les musées.

Hi, one ticket please ? / Uh, for one person please ? / Hi, I need a wheelchair, do you know where I could find one ? / Could you tell me where the toilets are please ? / Hi, how much for a guided tour ? / When does the next one start ? / Excuse me, do you have guided tours in French ?

10. Faites du sport et dormez à la belle étoile.

Roughing it out ; tents ; camping out ; camping ground/area ; RV-recreational vehicle ; camping stove ; sleeping bag ; B&B : bed and breakfast ; the beach/the seaside ; to go to the mountains/to go mountain-climbing ; cross country skiing ; on the slopes ; to go sailing ; water sports ; wind-surfing ; to go hiking/trekking ; to go surfing ; hitch-hiking ; mountain bike ; to go biking.

chapitre 9

Les verbes irréguliers

LES VERBES IRRÉGULIERS

Quelques verbes irréguliers à connaître sur le bout des doigts (tableau à lire et relire tranquillement...)

Verb (to...)	Simple Present	Present participle (pour les temps continuous)	Simple past ; Past Participle (pour le present perfect)
be : être (irrég.)	I am, you are, she/he is, you are, we are, they are	being	I was, you were, she/he was, you were, we were, they were ; been
be able : pouvoir (irrég.)	I can, you can, she/he can, we can, you can, they can (or conjugate to be + able)	being able	could ; was able
do : faire	I do... she/he does	doing	did ; done
eat : manger	I eat... she/he eats	eating	ate ; eaten
get : obtenir, recevoir, comprendre	I get... she/he gets	getting	got
give : donner	I give... she/he gives	giving	gave ; given
go : aller (irrég.)	I go... she/he goes	going	went ; gone

Verb (to...)	Simple Present	Present participle (pour les temps continuous)	Simple past ; Past Participle (pour le present perfect)
have : avoir (irrég.)	I have... she/he has	having	had
know : savoir, connaître	I know... she/he knows	knowing	knew ; known
meet : rencontrer	I meet... she/he meets	meeting	met
say : dire	I say... she/he says	saying	said
see : voir	I see... she/he sees	seeing	saw ; seen
sit : s'asseoir	I sit... she/he sits	sitting	sat
speak : parler	I speak... she/he speaks	speaking	spoke : spoken
talk : parler	I talk... she/he talks	talking	talked
tell : dire, raconter	I tell... she/he tells	telling	told
think : penser	I think... she/he thinks	thinking	thought
try : essayer (irrég.) (aussi to cry, deny, to die)	I try... she/he tries	trying	tried
walk : marcher	I walk... she/he walks	walking	walked
want : vouloir	I want... she/he wants	wanting	wanted

Table des matières

Sommaire	5
Avant-propos	
Pourquoi ce guide va vous aider	9

chapitre 1
Les rencontres 13

Brisez la glace... (*break the ice*) 15
Se présenter... 15
Chez vous ou chez les autres 40
Se dire au revoir, à bientôt... 43
DIX FAÇONS DE FAIRE CONNAISSANCE *IN ENGLISH*... 48

chapitre 2
La communication 51

La conversation téléphonique 53
Hello ? 53

La messagerie... 62
Laisser un message 64
La messagerie automatique 70
La douce voix de la messagerie 71

Les textos 74

Le courrier 74
Commencer une lettre 74
Les formules de politesse 76

Internet 78

Les courriers électroniques 79
Donner une adresse e-mail ou un site Internet : 80
Le *tchat* et les *blogs* 84
DIX FAÇONS DE PASSER POUR UNE *ANGLO* AU TÉLÉPHONE 85

TABLE DES MATIÈRES

chapitre 3
Le travail 87

L'anglais d'une paresseuse au travail... 89

Le CV anglo-saxon est-il *sexy* ? 89
Quel CV pour vous ? 90

L'entretien (*The Interview*) 101

Au téléphone encore... 103

Les courriels et lettres professionnels 109
Les courriels (e-mails) 109
Les lettres professionnelles 112

Parler devant un public... 117
DIX FAÇONS D'ÊTRE SUPER PRO EN ANGLAIS 122

chapitre 4
Les sorties 125

Ce soir, on sort ! 127

Au restaurant 127
Commander correctement 127
Quelques classiques dans l'assiette 139

Night life (sortir le soir) 142
Les bars et boîtes de nuit 144

Les spectacles 152
Le cinéma 154
DIX FAÇONS DE DEVENIR UNE *PARTY ANIMAL* EN ANGLAIS 157

chapitre 5
Beauté, santé et hygiène 159

Être belle... en anglais 161
Le maquillage 161
Le salon de coiffure 171

TABLE DES MATIÈRES

La santé et l'hygiène	176
DIX FAÇONS DE RESTER BELLE ET SAINE *IN ENGLISH*	188

chapitre 6
La vie quotidienne 191

Ainsi va la vie...	193
Les courses	193
La maison et le *lifestyle*	197

Let's go shopping !	205
Les magasins	205

L'argent	207

La poste	215
DIX FAÇONS DE GÉRER LE QUOTIDIEN	218

chapitre 7
Amour et sexe 221

Love story...	223

Flirting	223
Flattery...	226
Séduction sur le Net et autres :	232

True Love	251
Les sables mouvants de l'amour	252
Et enfin... quand il faut rompre	260
DIX FAÇONS DE TROUVER LE *LOVE* EN ANGLAIS	267

chapitre 8
Les voyages 271

Come fly away...	273

Planifier et réserver...	273
L'avion	274
Les agences de voyage	281

TABLE DES MATIÈRES

Le train	288
La location de voiture	292
L'hôtel	294
Les musées	301

Le sport

Le sport	304
Quel sport pour vous ?	304
DIX FAÇONS DE NE PAS ÊTRE UNE *ACCIDENTAL TOURIST* EN ANGLAIS	305

chapitre 9

Les verbes irréguliers	309

Quelques verbes irréguliers à connaître sur le bout des doigts (tableau à lire et relire tranquillement...)

311

Dans la même collection :

La Sexualité des paresseuses
La Santé des paresseuses
La Beauté des paresseuses
La Gym des paresseuses
La Cave à vin des paresseuses
Le Corps de rêve des paresseuses
Le Feng Shui des paresseuses
La Cuisine des paresseuses
Le Régime des paresseuses
Le Nouveau Savoir-Vivre des paresseuses
L'Astrologie des paresseuses
La Fête des paresseuses
La Vie rêvée des paresseuses
L'Agenda des paresseuses 2006
L'Armoire idéale des paresseuses
L'Art de se faire épouser des paresseuses
Le Guide de survie des paresseuses
L'Histoire de France des paresseuses
Les Bonnes Résolutions des paresseuses
L'Écologie des paresseuses
Les Vacances des paresseuses
La B.D. des paresseuses
Le Sudoku des paresseuses
Le Bricolage des paresseuses
Le Répertoire des paresseuses
La Positive Attitude des paresseuses
Le Kama-sutra des paresseuses
Le Prince Charmant des paresseuses
Les Paresseuses s'engagent !
Le Vintage des paresseuses
L'Agenda des paresseuses 2007
La Couture des paresseuses
L'Almanach des paresseuses

Photocomposition Nord Compo

Imprimé en Italie
par « La Tipografica Varese S.p.A. »
ISBN : 978-2-501-04838-5
Dépôt légal : 78401 – Novembre 2006
40.9771.3/01